Erwin Gebhardt

5,4/2012
(Gründonnerstag)

(2)

Es geht nichts verloren

Es geht nichts verloren

Ottmar Fuchs
im Gespräch mit
Rainer Bucher und
Rainer Krockauer

echter

Bibliografische Information der Deutschen Nationalbibliothek
Die Deutsche Nationalbibliothek verzeichnet diese Publikation in der Deutschen Nationalbibliografie; detaillierte bibliografische Daten sind im Internet über <http://dnb.d-nb.de> abrufbar.

www.echter-verlag.de
Umschlag: Peter Hellmund (Foto: privat)
Druck und Bindung: Druckerei Friedrich Pustet, Regensburg
ISBN 978-3-429-03214-2

Inhalt

Vorwort

I.

Ein Leben im Horizont der Gnade Gottes zu führen ist Sehnsucht und Hoffnung christlicher Existenz. Ottmar Fuchs steht für eine Theologie, die festhält und glaubt, dass wir, was immer geschieht, ein solches Leben führen, dass also nichts verloren geht, gerade dann nicht, wenn uns Gottes Gnade zum barmherzigen Gericht wird.

Als Praktische Theologen verdanken wir Ottmar Fuchs wichtige Impulse unserer Theologie. Dieses Buch ist der Versuch weiterzugeben, was wir in der Begegnung mit ihm erfahren haben: Die Theologie ist zwar eine Wissenschaft und eine akademische Bemühung, aber sie ist weit mehr als das. Sie ist auch ein ganz persönliches Projekt, etwas, worauf man sein Leben bauen und worin sich mit den Jahren eine Biographie konzentrieren kann.

Wir haben daher für dieses Buch eine persönliche Form gewählt, das unmittelbare Gespräch, genauer: die Befragung. Zentrale Themen der Theologie werden auf dem Hintergrund einer Biographie und eine Biographie – von 1945 bis in die Gegenwart – wird auf ihre theologischen Resonanzen hin befragt. Diese Form bedeutet in der Reflexion von Theologie wie Biographie Auswahl, Unvollständigkeit und auch Wagnis. Dieses nicht zu scheuen, auch dazu hat uns Ottmar Fuchs inspiriert.

II.

Die hier notierten Gespräche wurden am 19. und 20. August 2009 im Mutterhaus der Kongregation der St. Franziskusschwestern im oberfränkischen Vierzehnheiligen/Lichtenfels geführt. Wir danken den Franziskusschwestern herzlich für ihre überaus freundliche und gastliche Aufnahme!
Der digitale Mitschnitt wurde von Frau stud. theol. Christina Länglacher am pastoraltheologischen Institut der Universität Graz transkribiert und von Frau Ingrid Hable korrigiert: beiden gebührt großer Dank für ihre Mitarbeit. Der Interviewtext wurde von uns in eine Schriftfassung gebracht und von Ottmar Fuchs ergänzt und aktualisiert. Dieser Prozess wurde gemeinsam am 26. März 2010 abgeschlossen. Heribert Handwerk danken wir für das aufmerksame Lektorat.
Theologie ist viel zu wichtig, um sie im Getto der professoralen Wissenschaft zu belassen. Denn sie hat die Kraft, das, was sie stark macht, in das freie Feld des ungewissen Lebens einzubringen: Ernsthaftigkeit, Kreativität und Hingabe.

Rainer Bucher
Rainer Krockauer *März 2010*

I. Biographie – theologisch reflektiert

1. 1945: Anfang auf der Schwelle

Krockauer: Aus der Chronologie Deines Lebens möchte ich vier Daten auswählen: 1945, 1968, 1989 und 2001. 1945, da war ein geschichtlicher Neubeginn, 1968 war die Zeit der Studentenbewegung, 1989 gab es die »Wende« in Deutschland und 2001 erlebte die Welt den 11. September. Beginnen wir mit dem 6. Mai 1945, Deinem Geburtstag. Das ist ja wirklich ein denkwürdiges Datum. Zählst Du Dich zu den Nachgeborenen oder zu den Kriegskindern?

Mein Geburtsdatum fällt auf das katastrophale Ende einer noch größeren Katastrophe. Wo ich geboren wurde, in Buch bei Gremsdorf, in der Gegend von Höchstadt an der Aisch, war am 6. Mai schon Frieden. Die Amerikaner waren Ende April durch das Dorf gezogen und hatten es eingenommen. Von daher gesehen bin ich eigentlich ein ganz frühes Friedenskind, also nicht mehr ein Kriegskind.
Auf der anderen Seite, wenn ich bedenke, wann ich entstanden bin, dann bin ich ein Kriegskind. Denn das war der Heimaturlaub, heim vom Feld, meines Vaters im August 1944. In diesem Monat haben meine Eltern geheiratet. Meine Mutter war bis dahin als »Dienstmädchen« bei einer Gymnasialprofessorenfamilie »in Stellung«. Mein Vater musste dann wieder in den Krieg, war an verschiedenen Fronten, und es war schon auch ein Wunder, dass er zurückgekommen ist, Monate nach meiner Geburt. Von daher bin ich »in between«, also eben dazwischen. Ich habe vielleicht auch etwas in mir von diesen Ängsten, die meine Mutter während der Schwangerschaft, die sie bei ihren Eltern auf dem kleinen Bauernhof verbrachte, gehabt hat

in Bezug auf den Krieg und sein Ende, auf die Bombengefahren und was dann sein wird, wenn die Amerikaner kommen. Das hat sie mir einmal erzählt, wie sehr sie die Frage belastet hat, was das für Menschen sein werden, die da kommen werden. So liegt mein Geburtsdatum gewissermaßen an der Grenze, an der Kante, im Übergang.

Bucher: Du sagst, Du hättest etwas in Dir von dieser Angst: Was bringt Dich zu dieser Selbstbeobachtung? Ich kenne Deinen theologischen Weg seit 1980 oder sogar noch länger: Ich würde da nicht unmittelbar auf Ängstlichkeit schließen.

Wenn ich in die Kindheit hineinschaue, dann habe ich so das rückwärtige Gefühl, als hätte ich schon Angst gehabt. Angst in Kinderträumen, vor Minderwertigkeit, vor den Großen, Angst vor dem Hunger, so sehr, dass mich die Kindergartenschwester daran hindern musste, Sand zu essen. Und ich kann mich auch gut an die Löcher in der Wand über meinem Bett erinnern, aus denen ich den Kalk herausgepult habe. Das war in Erlangen, wo ich aufgewachsen bin, und die ersten Jahre nach dem Krieg waren in den Städten wirklich schlimm. Aber dann gibt es offensichtlich auch die Erfahrung, dass ich gegenreagiert habe. Meine Mutter erzählte, dass ich, gelinde gesagt, ein sehr lebhaftes Kind war, zuweilen schwer auszuhalten in seiner trotzigen Selbstbehauptung. Ich konnte mich aber auch stundenlang allein beschäftigen, während die Mutter für Lebensmittelmarken anstand. Später stand in meinen Schulzeugnissen: träumt zu viel.

Krockauer: »In between« war das Stichwort. Biographisch könnte man Dich fast als einen Grenzgänger, Schwellengänger, als einen Menschen, der Extreme ausbalancieren kann, sehen. Das ist ja dann nicht nur die Schwelle zwischen Angst und Befreiung, sondern es ist auch – noch mal zurück zum 6. Mai 1945 – die Schwelle zwischen Krieg und Frieden, zwischen Faschismus und Demokratie. Was hat Dein Geburtsdatum mit den späteren Lebensthemen zu tun?

Als Kind habe ich nur die Nachkriegszeit am eigenen Körper erlebt. Was diese Kriegszeit selbst gewesen ist, das ist mir erst später deutlich geworden – aber noch als Kind, und zwar in der Stadtbibliothek. Wir hatten ja zu Hause keine Bücher. Das erste Buch, das ich später geschenkt bekommen habe, war ein Neues Testament vom Kaplan in St. Bonifaz in Erlangen. Sonst hatten wir noch das Gesangbuch zu Hause.

So war ich als Kind ständig in der Kinder- und Jugendbücherei, habe mir die Bücher ausgeliehen, die ich lesen wollte. Da bin ich dann einfach einmal unerlaubterweise hinüber in die Erwachsenenbibliothek und habe mir die historischen Bildbände angeschaut. Ich denke, ich war ungefähr zehn Jahre oder sogar noch jünger, ich weiß es nicht mehr genau: Bücher über den Zweiten Weltkrieg, alles schwarz-weiß, und darunter auch ein Band über die Shoah, über die nationalsozialistischen Konzentrationslager. Ich kann mich gut daran erinnern, dass das für mich ein wirklicher Schock war, mir schier zum Trauma wurde: die Unergründlichkeit, die Unfassbarkeit dieses Geschehens, die Unerträglichkeit. Das ist mir damals in die Glieder gefahren und das ist mir auch geblieben. Von daher kam auch der innere Drang zur Solidarisierung mit Israel, bis dahin, dass ich als Student längere Zeit in einem Kibbuz in Israel gearbeitet habe. Sehr viel später ist mir klar geworden, was der Tag meiner Geburt oder diese Tage für eine Schwelle waren zwischen Vorher und Nachher.

Krockauer: Viele der Themen, die wir bearbeiten, haben ja biographische Wurzeln. Dieses Lese- oder Seherlebnis in der Stadtbibliothek damals war ein erstes Aha-Erlebnis, an dem sich ein Lebensthema von Dir herauskristallisiert hat?

Das ist mir im Nachhinein deutlich geworden, denn dieses Buch, das ich damals aufgeschlagen habe, ist mir nicht aus dem Kopf gegangen.

Krockauer: Wie ist das mit dem Thema Hunger bzw. Armut? Hat die Option für die Armen auch eine biographische Wurzel? Etwa wenn Du sagst, Du hattest Hunger in Deiner Kindheit?

Ja, wobei ich sagen muss: Das war keine lange Zeit, es ging ja dann sehr schnell ganz gut und ab 1949 ging es aufwärts. Aber es war doch etwas, das ich nie vergessen habe, was auch zum Beispiel bis heute mein Essverhalten prägt. Ich kann bis heute keinen Teller ungeleert stehen lassen. Was ich in manchen Filmen sehe oder auch in den Vereinigten Staaten erlebt habe, dass dort halbvolle Teller in den Abfalleimer geworfen werden, finde ich unerträglich. Wie toll war es, wenn ich als Kind etwas umsonst bekommen habe: Das steckt mir immer noch im Bauch, und ich freue mich auch heute noch, wenn es etwas umsonst gibt, nicht aus Geiz, denn ich lade auch gerne ein, sondern als eine mir eingeprägte unmittelbare Bauchreaktion.

Krockauer: Noch einmal zu den Jahren 1945 bis 1955. Das sind ja entscheidende Jahre für den 1945 Geborenen. Der Anblick von Hungernden, von Versehrten, von Kriegskrüppeln, von Armen, das muss ein tief eingeprägtes Bild sein, aus dem sich dann auch theologische Lebensthemen herausbilden. Wie war das bei euch zu Hause, in der Region?

Mir kommen bei dieser Frage verschiedene Bilder: Luftschutzzeichen an den Hauswänden, die man bis in die 60er Jahre hinein noch wahrnehmen konnte. Die amerikanischen Soldaten, die auf dem Weg von ihrer Kaserne zu den von ihnen bevorzugten Gaststätten und Kneipen durch die Ludwigsstraße gehen mussten, wo wir eine Einzimmerwohnung mit Küche hatten, mit Plumpsklo am Ende des anschließenden Außengangs im ersten Stock. Sie hatten Urlaub bis zum Wecken, und das hat man auch bis zum Wecken gehört. Erlangen selbst wurde von der Zerstörung bewahrt, nicht aber Nürnberg: Ich habe die Bilder noch im Kopf von den über Kilometer zerstörten Häusern in Nürnberg, wenn mein Vater mit mir zum Nürnberger Tiergarten fuhr, erst mit dem Stadtbus nach Nürnberg und dann mit der Straßenbahn durch die zerstörte Stadt hinaus zum Tiergarten.
Mit meinem Freund Hans-Günther habe ich die Umgebung erobert, Pfützen in Bäche abgeleitet und beim Glockensturm mit der flachen Hand möglichst viele Hausglocken gedrückt. Ich erinnere mich noch an die ersten gegenseitigen Einladungen mit Flüchtlingsfamilien – bei denen das Essen für mich zu scharf war. Und es war durchaus etwas ganz Selbstverständliches für ein Kind damals, humpelnde und gliederamputierte Männer im Straßenbild

und in den Kneipen, wohin mich mein Vater ab und zu mitnahm, zu sehen.
Mein Vater hatte nach der Gefangenschaft die Wahl, eine Arbeit bei der Polizei oder als Krankenpfleger zu finden: Da er keine Uniform mehr anziehen wollte, wurde er Krankenpfleger. Und gerade in der Heil- und Pflegeanstalt in Erlangen haben die Amerikaner sehr darauf geschaut, dass die Patienten und Patientinnen gut zu essen hatten. Ich habe davon profitiert: Meine Mutter, so erzählte sie mir, war immer überglücklich, wenn sie mir etwas Butter in den Kartoffelbrei geben konnte. In den 50er Jahren hatte ich wirklich eine unbeschwerte Kindheit und Jugendzeit, in sicherer Geborgenheit daheim und mit viel Freiheit, die mir manche Strafe zu Hause einbrachte. Neun Jahre war ich Einzelkind. Als wir, wie man so sagt, aus dem Gröbsten heraus waren, wurde meine Schwester Irene 1954 geboren. Kurz danach sind wir in eine größere Zweizimmerwohnung umgezogen.

Bucher: Ich möchte noch mal auf die Szene zurückkommen, wo Du das Buch über den Nationalsozialismus in der Bibliothek entdeckst.

Ich weiß noch genau, wo das war!

Bucher: Da sind mir zwei Dinge aufgefallen: Erstens das Stichwort »unerlaubterweise in die Erwachsenenbibliothek« und zweitens natürlich, dass da ein erst 10-Jähriger mit dem Krieg und den Gräueln des Nationalsozialismus konfrontiert wurde. Was, glaubst Du, hat einen 10-Jährigen motiviert, unerlaubterweise in die Erwachsenenbibliothek zu gehen? Und: Du hast von Traumatisierung gespro-

chen. Wenn Du als 10-Jähriger traumatisiert worden wärst, wäre das sehr schlimm gewesen. Ich vermute, dass die Verarbeitungskapazitäten eines fränkischen Jungen gerade damals eher robust waren.

Da kommt das Stichwort der Grenze und der Unerlaubtheit schon zum Vorschein. Ich habe es ganz gern auch in der Schule ausgekostet, bis an diese Grenze der Erlaubtheit zu gehen – und ein Stück darüber. Das »Das probiere ich jetzt einmal, und da geh ich jetzt hin, obwohl es nicht erlaubt ist«, das hat mich gereizt, das ist richtig. Und zwar rein formal, also ohne dass damit schon ein Inhalt verbunden gewesen wäre. Woher das kommt? Ja ...

Ja, das Stichwort der Traumatisierung ist eindeutig eine nachträgliche Interpretation. Und sicher ein zu starkes Wort, wenn ich an wirklich traumatisierte Menschen, etwa durch Folter oder Vergewaltigung, denke. Es soll nur benennen, dass ich da etwas in der Erinnerung habe und dass es mich sehr erschüttert hat, dass ich etwas wahrgenommen habe, was ich unerlaubterweise wahrnahm, und dass das Unerlaubte dann auch noch mal so etwas Schlimmes war. Diese Kombination ist ja nie thematisiert worden in der damaligen Zeit in Deutschland, nämlich sich die damals unerlaubte Freiheit zu nehmen, die unmittelbare Vergangenheit als etwas ganz Schlimmes, nicht nur für die Deutschen, sondern als etwas noch viel Schlimmeres für die »Anderen« in den Blick zu nehmen. Mein Vater erzählte nie über den Krieg, und über das »Andere« sprachen wir schon gar nicht. Erst Jahrzehnte später erzählte er von einigen Kriegserfahrungen, und ich spürte, dass meine Mutter das alles längst wusste. *Ihr* hatte er es erzählt.

Krockauer: Wie bist Du mit dem Erlebnis umgegangen? Hast Du es für Dich behalten oder darüber gesprochen?

Das weiß ich nicht mehr. Nein, ich hab es niemandem erzählt, glaube ich.

Krockauer: Aber das war ein Bild, das weiter gewirkt hat? Schließlich wird es irgendwann zum Thema.

Das mir geblieben ist, ja. Die Dringlichkeit, die das Thema »Theologie nach Auschwitz« bei mir gewonnen hat, hat etwas mit dieser ersten Erfahrung zu tun.
Ich möchte noch etwas Gefährliches dazu sagen: Es ist beides, das habe ich immer wieder erfahren oder mir später bewusst gemacht: nicht nur das Entsetzen vor dem Grauen. Es war auch eine erschreckende Art von Faszination, die ich erlebte. Ich habe mir im Bezug auf diese Vergangenheit nie eingebildet, dass ich in dieser Vergangenheit hätte anders sein können als die, die ich jetzt als Täter bezeichne. Das ist noch mal das Verrückte dabei, dass es entsetzt und auch hintergründig gerade in Verbindung mit der Unerlaubtheit auch etwas Faszinierendes hatte.
Noch ein anderer Aspekt dieser Erfahrung gehört hierher: Ich habe damals wahrscheinlich das erste Mal in Bildern nackte Menschen gesehen. Darin liegt auch ein Moment dieser abgrundtiefen Ambivalenz von Faszination und Erschrecken. Ich erschrecke heute noch vor den Möglichkeiten, die ich womöglich gehabt hätte, wenn ich im Nationalsozialismus groß geworden wäre. Das hat mich im Nachhinein, damals natürlich nicht, sehr beschäftigt.

Bucher: Die deutsche Geschichtswissenschaft hat über 40 Jahre gebraucht, und die deutsche Theologie ist erst jetzt dabei, aus der selbstgerechten Perspektive »Das waren die anderen, das war das Böse, oder das waren irgendwelche Verführer« herauszukommen und zuzugeben, dass es einen untergründigen Strang auch zu uns gibt. Das verleiht dem Ganzen noch viel mehr Schrecken. Was folgt daraus für die Theologie?

Mir fällt jetzt spontan ein, dass mir später bei der Pauluslektüre im Studium unmittelbar deutlich geworden ist, was Paulus mit kauchesis meint, also mit Selbstruhm. Ich glaube schon, dass ich von dieser Erfahrung her kaum Anlagen zu diesem Selbstruhm, nämlich vor Gott als ganz »passabler Kerl« zu stehen, habe. Es ist vielleicht etwas dran an dem Gedanken, dass es eine Gnade der Geburt und einen Fluch der Geburt gibt. Fluch der Geburt könnte sein, in Situationen und Verhältnisse hineingeboren zu werden, wo es uns ganz leichtfällt, unbestraft böse zu sein und das Grauen zu verbreiten. Das wäre der eher persönliche Aspekt.
Für die Theologie heißt das, dass ich die Frage der Potentialität, also der Möglichkeit, von Sünde in anderen Kontexten ernst nehme, die Möglichkeit des Bösen, wenn wir in anderen Zeiten gelebt hätten oder leben würden. Die Zivilisationsdecke ist ausgesprochen dünn und wenn es wieder einmal so etwas gibt wie eine offizielle Erlaubnis zum Bösen, zur Vernichtung der Andern, der Nichtdazugehörigen, werden die Täter massenhaft zu Verfügung stehen. Wenn es wieder eine Plausibilität für die Vernichtung von behinderten Menschen gibt, die pränatal schon eingeleitet ist, dann sind viele schnell wieder auf der Täterseite. Alles

Schlimme beginnt »im Kleinen«. Und im Kleinen sind wir in vielem gefährlich weit gekommen.
Aus dieser prinzipiellen Möglichkeit, böse zu sein, ist mir auch klar, was gemeint ist, wenn Martin Luther darauf besteht, dass wir Sünder und Sünderinnen sind. Und zwar nicht nur in dem, was faktisch abläuft, sondern in dem, was an Abgrund in uns eigentlich lauert. Diese Selbstverdächtigung ist etwas, was zu unserer christlichen Spiritualität dazugehört. In der Bibel sind Umkehr und die Umkehrbereitschaft eine notwendige Bedingung, um das Wort Gottes zu verstehen. Sich als sündigen Menschen auszuloten, wirklich und potentiell, wer wir sein könnten, um dagegen gewappnet zu sein.
Aber dazu kommt die andere Seite, die Seite, die uns nicht niederdrückt, sondern aufhilft. Es ist nicht so, und das ist jetzt das eigentlich Verrückte unseres Glaubens, dass Gott seine Liebe abhängig macht von unserem Sündigsein. Das ist ja genau das, was Paulus so wichtig war und was Jesus immer gezeigt hat, dass Gott die Menschen ohne Vorleistungen liebt, damit sie sich verändern *können*. Nicht sündig sein ist nicht die Bedingung der Liebe Gottes. Das wäre furchtbar. Wir fielen alle aus der Liebe Gottes heraus.

Krockauer: Ich würde gern auf Deine familiäre Herkunft zu sprechen kommen. In welche Familie wurdest Du hineingeboren, und was hat Dich da väterlicher- und mütterlicherseits geprägt? Du bist ja auch stark eingebettet in eine bestimmte Region.

Das kann man wohl sagen, in die fränkische.

Krockauer: Genau. Aber wo sind Deine biographischen Wurzeln? Was sind Deine prägenden familiären Erlebnisse?
Bucher: Ich stelle mir die Szene vor, über die wir gerade gesprochen haben, und gleichzeitig – wir sind Mitte der 50er Jahre in Erlangen – den katholischen Jungen, der ministriert, der im vorkonziliaren, aber in Franken doch auch relativ unaufgeregten, eher selbstverständlich-gemütlichen Katholizismus lebt: Wie balanciert sich das aus, was hat das miteinander zu tun?

Gehen wir erst einmal zum Familiären. Mein Vater ist Oberpfälzer aus Amberg gewesen, kam aus der Unterschicht, man kann schon sagen: aus armen Verhältnissen, hat eine Lehre gemacht als Galvaniseur und ist Bergmann gewesen in der Amberger Maxhütte. Das ist also die eine Seite, die auch zunächst mit der Frömmigkeit nicht so viel zu tun hat, schon mit dem Glauben, aber nicht so intensiv. Die andere Seite ist meine Mutter, die kommt vom fränkischen Dorf, Buch bei Höchstadt a. d. Aisch, geprägt von einer intensiven Volksfrömmigkeit mit Kirchgang, oft auch werktags, und mit Rosenkranzgebet, bis in ihre letzten Lebenstage.
Beide zusammen bilden den Zusammenhang, in dem ich aufgewachsen bin, eigentlich sehr gut behütet von beiden. Und die wenigen Bestrafungen, die ich vom Vater erhielt, konnte ich gut verschmerzen. Jedenfalls verglichen mit der seelischen Gewalt, der Kinder bis heute hilflos ausgesetzt sind, weil sie nicht justitiabel ist. Vor kurzem habe ich zufällig einen jungen Vater zu seiner kleinen Tochter sagen hören: »Wenn du dich mit mir anlegst, wirst du immer den Kürzeren ziehen!« Das hätte mein Vater niemals zu mir gesagt. Schmerzlicher, von der Schmach her auch seelisch,

waren da schon die Hiebe in den unteren Klassen der Volksschule, mit dem spanischen Rohrstock auf die ausgestreckte geöffnete Hand. Heute wäre das, Gott sei Dank, undenkbar.

Bucher: Für was gab es Strafe?

Zum Beispiel dafür, dass ich einmal einen ganzen Tag nicht heimgekommen bin. Ich wäre eine Stunde zu spät gekommen und dann war es noch mal eine Stunde zu spät und so ging das weiter und immer weniger traute ich mich heim, und dann war ich nachts noch unterwegs und bin auch noch zu einem Freund. Meine Eltern waren fast wahnsinnig vor Angst.

Bucher: Das heißt, Du hast die Übertretung gesteigert.

Die Übertretung gesteigert, und da war was los. Ja: Der Vater hat gestraft, nicht brutal, aber deutlich. Die Mutter hat das immer dem Vater überlassen und gleichzeitig darauf geschaut, dass es nicht zu schlimm wurde. Aber das war nicht häufig, nur in solchen Extremfällen.
Aber zurück zur Anfangsfrage nach den Faktoren meiner Kindheit. Zur Familie kam der Kontext in Erlangen: dass es zwar einen katholischen sozialen Raum gab in der Pfarrgemeinde, dass aber das Ganze in einem weitgehend protestantischen Feld stattfand. Das habe ich weniger in der Volksschule, in der katholischen Bekenntnisschule gemerkt als dann im Gymnasium. Es gab auch nur eine Klasse, in der auch Katholiken waren, die Parallelklasse waren dann die »Eigentlichen«, die A-Klasse nur mit evangelischen Schülern und Schülerinnen. Das hat sich im Lauf der

Jahre verändert, vor allem durch Freundschaften, aber es war schon am Anfang auch deutlich, dass du als Katholik in der Minderzahl und vielleicht auch nicht ganz so klug bist.

Krockauer: Kannst Du da von einem konkreten Erlebnis berichten? Ähnlich Deinem prägenden Leseerlebnis in der Stadtbibliothek?

Nein, das ist nicht so stark. Aber etwas habe ich schon in Erinnerung. Ich hatte in der 2. Klasse des Gymnasiums einen Unfall, weil ich bei der Verfolgung eines Freundes blindlings in ein Taxi lief. Nach einem längeren Klinikaufenthalt und natürlich auch wegen eigener Faulheit musste ich die Klasse wiederholen. Ich konnte und wollte einfach nicht mehr alles aufholen. Das war dann schon eine Demütigungserfahrung, als ein besonders gescheiter evangelischer Mitschüler dem dummen Fuchs nachrief, dass er kein Wörtchen Latein könne. Ich weiß heute noch seinen Namen, er ist übrigens auch Universitätsprofessor geworden.

Krockauer: Ich sehe biographisch die frühe Einsicht, dass man sich mit der Shoah auseinandersetzen muss, ferner eine frühe Beschäftigung mit der Ökumene, aus der Erfahrung, einer Minderheit anzugehören. Würdest Du da Zusammenhänge herstellen zu späteren Themen von Dir?

Ja, da hatte für mich die Gymnasialzeit wirklich etwas sehr Interessantes: dass sich im Laufe der neun, bei mir dann zehn Jahre diese Minderheitenerfahrung tatsächlich über die Freundschaften mit evangelischen Mitschülern, Mitschülerinnen immer mehr aufgelöst hat. Ich kann mich gut erinnern, dass ich in der Mittelstufe mit einem Mitschüler, er ist Lungenfacharzt geworden, wirkliche Konfessionsgespräche geführt habe. Wir haben argumentativ versucht zu klären, welche Konfession – katholisch oder evangelisch – jetzt die bessere sei: Es war spannend, aber in einer freundschaftlichen Weise. Da ist schon etwas passiert: Mit großem Selbstbewusstsein in Bezug auf den eigenen katholischen Glauben in den Kontakt und in die Auseinandersetzung mit der anderen Konfession zu gehen – aber auf der Ebene gegenseitiger Anerkennung. Denn wir waren Freunde.

Bucher: Es ist ja nicht selbstverständlich, dass man das schafft. Ich sehe hier ein doppeltes Außen zu Deiner eigenen Situation als Jugendlicher: Das eine Außen, das sind die evangelischen Christen, das andere Außen, das ist die deutsche Geschichte vor Deiner Geburt, die in der Zeit Deiner Jugend ja noch sehr präsent ist, im Straßenbild und in den Personen. Wie man diesem Außen, das verstört, gegenübertritt, das ist ja eine wirkliche Frage und ganz unterschiedlich möglich. Man kann mit Schließung reagieren oder mit »Freundschaft«: Was hat Dich dazu befähigt?

Ich kann es nicht rekonstruieren, aber ich habe eine Ahnung davon. Diese Ahnung kann ich zum Ausdruck bringen mit einer Geschichte, die meine Mutter mir erzählt hat von ihrer Mutter. Als die ersten Juden abgeholt wurden aus dem Dorf, hat sie zu ihrem Mann und den Kindern im Schutz des eigenen Hauses gesagt: »Das sind doch auch Menschen.« Ich denke, da kommt eine Einstellung zum Vorschein, die ich von zu Hause vermittelt bekommen habe, auch in Korrektur meiner Gassenjungenzeit, die gab es ja auch mal in Erlangen …

Bucher: Berichte mehr …

… als Kind, nicht als »Halbstarker«. Ich war offensichtlich ein paar Jahre lang, zwischen sechs und zehn vielleicht, ein wildes Kind. Da habe ich zum Beispiel auf dem Schulweg von Kindern die Mütze über die Mauer der Bienenanstalt geworfen, und oft kamen die Mütter von anderen Kindern zu meiner Mutter und haben sich beklagt.

Bucher: Und der Protestantismus?

Den habe ich das erste Mal erlebt – das werde ich nie vergessen, ich war, glaube ich, noch nicht im Gymnasium –, als ich das erste Mal in die Neustädter, also in die evangelische Kirche gegangen bin: mit Herzklopfen, das weiß ich noch.

Bucher: Weil es verboten war?

Ja, natürlich, jedenfalls hatte ich es als verboten unterstellt. Und dann habe ich mir das alles angeschaut, das große Luthergemälde auf der linken Seite …

Bucher: Auch so eine Grenzüberschreitung ….

Ja, ich habe überhaupt den Eindruck, diese Zeit zwischen zehn und zwölf scheint für mich eine turbulente Zeit gewesen zu sein; weniger die Pubertät danach, da habe ich schon Verantwortung für meine kleine Schwester übernommen, habe auch in der Schule angezogen und endlich das Lernen gelernt – aber vorher, eher Chaos.

Krockauer: Neben dem Leseerlebnis in der Stadtbibliothek gibt es das Erlebnis in der evangelischen Kirche. Wenn man bedenkt, wie lange die deutsche Gesellschaft und auch die Kirchen nach dem Krieg die Shoah übersehen haben und wie verschlossen der Katholizismus dem Protestantismus gegenüber war, kann man ja fast sagen, dass Du da Deiner Zeit schon voraus warst?!

Vielleicht, wenn es keine »*kauchesis*«, keine Überheblichkeit ist.

Bucher: Ein uns beiden bekannter gemeinsamer Kollege hat zu mir einmal den Satz gesagt: »Der Atheismus war eine Möglichkeit, der Protestantismus nie«, ein katholischer Kollege logischerweise. Könntest Du diesen zugespitzten Satz auch sagen?

Ja.

Bucher: Warum?

Ich könnte ihn – nicht mit großer Heftigkeit, aber richtungsmäßig – auch sagen. Und zwar weil mir – aber das ist wirklich rein persönlich und keine Analyse des Protestantismus – der Katholizismus allein von den Farben, von den Bildern, von der Liturgie und Frömmigkeit her und dann auch von zu Hause her zuerst in Fleisch und Blut und dann erst in das Hirn übergegangen ist. Weil ich den Katholizismus derart erlebt habe, von innen, was gleichzeitig unmöglich machte, den Protestantismus von innen zu erleben. Und ich tue ihm sicher unrecht, wenn ich ihn nur von außen sehe. Aber von außen gesehen gab es Zeiten, in der für mich der Atheismus bei weitem die wirklichere Alternative war als der Protestantismus. Vielleicht auch, weil der Atheismus die innerste Versuchung und unmittelbarste Herausforderung jedes Gottesglaubens ist. Vor allem wenn es um die Frage nach dem Leid, nach dem Bösen und der Freiheit geht.

Der heutige neue Atheismus, wie er beispielsweise vertreten wird von Richard Dawkins und Michael Schmidt-Salomon, dem Vorstandssprecher der Giordano-Bruno-Stiftung, die für die neue Gottesleugnung im Namen des Humanismus steht, ist leider nicht mehr von dieser tiefgehenden Qualität, die noch darum wüsste: Wer das verlor, was du verlorst ...! Er ist argumentativ schwach, in seiner aggressiven Religionsfeindlichkeit fundamentalistisch, mit maßlosem missionarischem Anspruch, und damit eine schlechte Ausgabe dessen, was er bekämpft. Die angeblich humanistische Intention, die Welt von der Religion zu befreien, ist völlig unfähig, um einer breiteren humanisierenden Basis willen mit den entsprechenden Anteilen der Religionen zu kooperieren. Nicht Humanisierung ist also das erste Ziel, sondern primitiver Religionskampf.

Bei allem, was für mich kritikwürdig ist im katholischen Bereich, gerade wenn man in dieser Kirche mittendrin ist und das umso schärfer sieht, sehe ich keine Möglichkeit für mich persönlich, Protestant zu werden. Theologisch könnte ich größere Nähen entdecken, aber gefühlsmäßig ginge das nicht. Ich erinnere mich auch an Frauen, die ich vor Jahren einmal gefragt habe, Frauen, die im Diskurs der Genderproblematik zu Hause sind bzw. aus dem Feminismus kommen: Ja, warum tretet ihr eigentlich nicht aus der katholischen Kirche aus, die ja von den westlichen christlichen Kirchen eigentlich diejenige ist, die, von außen gesehen, strukturell mit Frauen am schlechtesten umgeht? Diese Frauen sagten: Wir können nicht. Und so geht es mir auch. Ich befürchte, dass ich mich dabei mehr verletzen würde, als ich an Freiheit gewinnen würde.

Übrigens finde ich auch die katholische Theologie in sich irgendwie reichhaltig, beweglich und generativ, im guten Sinn des Wortes widersprüchlich und ambivalent, so dass man sie immer auch noch einmal »drehen« kann für etwas ganz anderes, als es bisher im Blick war. Auch deshalb macht es mir ausgesprochenen Spaß, katholischer Theologe zu sein! Mir macht es einfach Freude, den katholischen Traditionsbegriff und seine theologische Würde auch der gegenwärtigen pastoralen Wirklichkeit zu gönnen, die ebenfalls einmal zur Tradition gehören wird. Womit die Pastoral fähig wird, sich um der »Zeichen der Zeit willen« auch gegen bestimmte Traditionen zu entscheiden. Und ich finde es spannend, die traditionelle Vorstellung »ecclesia supplet«, nämlich dass das Gesamt der Kirche Mängel beim Zustandekommen der Sakramente »ersetzt«, auch der katholischen Ämtertheologie zu gönnen und von daher gegenwärtige Strukturprobleme zu diskutieren.[1]

Wenn überhaupt, dann wäre für mich eher die anglikanische Kirche eine Versuchung. Ich bin ja öfter in England und bewundere diese Kirche, wie sie schier unvermittelbare Gegensätze aushält und wie ihr Primas, Erzbischof von Canterbury Rowley Williams, die verschiedenen Gruppierungen zu einer Spiritualität bewegt, in der alle Beteiligten ihre Meinung nicht vergöttlichen, sondern die Endgültigkeit ihrer Wahrheit Gott selbst aushändigen und ihm so die

Letztverantwortung für die Einheit der Kirche überlassen. Eine solche Spiritualität ermöglicht dann auch einen anderen, nämlich nicht exklusivistischen Umgang miteinander, vor allem der katholisierenden mit den protestantisierenden Anteilen, ohne sich gegenseitig schmälern oder gar ausmerzen zu wollen.

Bucher: Wo liegen dann die Stärken des Protestantismus?

Es gibt da viele Stärken. Gerade im Kontrast zu meiner bibelarmen katholischen Herkunft möchte als erste Stärke, die ich wirklich in einer faszinierenden Weise auch im Studium mitbekommen habe, unterstreichen: die Bibelbezogenheit. Dies war ja auch der Grund, warum ich zum Studium nach Würzburg gegangen bin, nämlich wegen der neutestamentlichen Exegese beim berühmten Professor Schnackenburg. Dann ist da die Erfahrung Luthers in Bezug auf den Römerbrief, also die Rechtfertigungstheologie, der Glaube an einen Gott, der die Menschen als Sünder und Sünderinnen liebt, noch bevor sie sich verändert haben. Das ist etwas ganz Zentrales, was für mich die eigene Glaubensidentität genauso ausmacht, wie es die gnadentheologische Grundlegung meiner Theologie bestimmt.

Krockauer: Könntest Du einem Außenstehenden erklären, wie sich der Katholizismus anfühlt? Vielleicht gerade einem, der keiner Religion, keiner Konfession angehört, der sich aber interessiert und dann bei öffentlichen Ereignissen wie beispielsweise bei der Begräbnisfeier für Papst Johannes Paul II. fasziniert am Fernseher die katholische Liturgie beobachtet. Kannst Du so jemandem erklären, wie sich der Katholizismus anfühlt?

Ja, das ist ein schöner Begriff: »Wie er sich anfühlt«, das gefällt mir sehr gut. Weil der Katholizismus davon lebt zu berühren. Zunächst in der *Frömmigkeit:* Das ist bei den Heiligen so, wenn ich hinaufgehe zur Adelgundis auf dem Staffelberg, da sehe ich immer wieder Leute, die ihre Statue berühren. Das Sinnliche, das Berührbare, das geht dann bis hinein in den Bereich der *Diakonie*, sich von Menschen berühren zu lassen, bis in die Geschichte etwa von Franz von Assisi hinein, der sich vom Aussätzigen küssen lässt. Diese Nähe zu etwas, diese Konkretheit, diese Leiblichkeit, das würde ich als einen ganz wichtigen Charakterzug des Katholizismus anschauen. Für beide Bereiche, für die Spiritualität und für die Caritas, gilt, dass es keine Zweireichelehre zwischen Welt und Gnade gibt, sondern dass auch das Materielle in das Heilige mit aufgenommen ist, bis zur Theologie des französischen Jesuiten Teilhard de Chardin, der den Glauben an Christus mit dem ganzen Kosmos verbindet.

Krockauer: Ist damit dann auch verbunden, ganz sinnlich Erfahrungen zu vermitteln und etwas im affektiven, nicht nur im rationalen Bereich zu erleben?

Auch wenn ich es nicht durchgehend erklären kann, ja. Wie ja das ganze Leben vor aller Erklärung erst einmal gegeben ist und nie ganz erklärt werden kann.

2. 1955: Jugend-Szenen

Bucher: Kehren wir in die Mitte der 50er Jahre zurück. An welchen Szenen kannst Du diese affektive Heimat im Katholizismus rekonstruieren?

Eine Szene ist eindeutig der ND[2], die katholische Jugendarbeit und die damit verbundenen Gottesdienste und Fahrten. Das war eine starke Verwurzelung – zusammen mit den Sonntagsgottesdiensten, in denen ich ministriert habe.

Bucher: Fällt Dir da eine konkrete Szene ein?

Ja, wenn zum Beispiel der ganze Erlanger ND aufs Pfingstlager Richtung Gräfenberg und darüber hinaus gefahren ist, mit dem Fahrrad, hoch bepackt und in unseren grünen Hemden. Wir haben die finnischen Koten, schwarze Rundzelte, die aussahen wie eineinhalb mannshohe Pyramiden mit Öffnungen an der Spitze, aufgebaut, haben miteinander gesungen und am Sonntag mit unserem Gruppenkaplan Gustl Bosch, der zugleich unser Religionsprofessor am Gymnasium war, heilige Messe gefeiert und haben in diesen Tagen Natur und Glaube miteinander verbunden erfahren: auf der Wiese sitzend spirituelle Lieder zu singen, geistliche Impulse zu hören, uns miteinander darüber auszutauschen und den Tag mit einer kribbeligen Nachtwanderung zu beenden. Hier waren wir selber gefragt, hier gab es nicht die Unterscheidung zwischen Dümmeren und Gescheiteren.

Krockauer: Was ist das für eine Auseinandersetzung gewesen zwischen »dumm« und »gescheit«? Wie kann man das ins Heute übersetzen? Hat das mit der wieder aktuellen Frage nach den Jugendlichen aus Bevölkerungsschichten zu tun, die ja auch heute oft und wieder von Bildungsprozessen abgehängt sind?

Vielleicht ist dies der Unterschied zwischen damals und heute: Ich selbst und auch viele aus ähnlichen Bevölkerungsschichten wurden damals nicht abgehängt. Gerade auf dem Hintergrund einer gewissen Verwurzelung in der katholischen Jugendarbeit hatten wir auch die Kraft, die damals ganz hervorragenden Bildungschancen der Bundesrepublik zu nutzen. Ich verdanke diesem Bildungssystem der 50er und der 60er Jahre sehr viel. Da bin ich wirklich unserer Gesellschaft dankbar. Ich habe all die Chancen bekommen, von einer Familie, die herzensgebildet war, und vom Staat im Sinn des Lernens und des kostenlosen Bücherlesens und der Lernmittelfreiheit. Ich bin gerne in die Schule gegangen und ich habe auch keine massiv schlechten Erinnerungen daran, und schon gar nicht an die Universität und das Studium. Von daher sehe ich bildungspolitisch all jene Tendenzen hochkritisch, wo solche Möglichkeiten abgebaut werden, vor allem mit den Studiengebühren.

Krockauer: Du bist Jahrgang 1945. In Deinem Leben spiegelt sich das Leben der heute 60- bis *70-Jährigen wider, oft haben die noch eine kirchliche Erfahrung in Kindheit und Jugend. Vielleicht ist die dann zu späterer Zeit abgebrochen, bei manchen mag sie noch aufrechterhalten sein. Bei vielen jedenfalls dürfte in der Erinnerung eine starke, eine prägende Erfahrung mit Kirche vorhanden sein, vor allem im Alter zwischen 10 und 20 Jahren. Ich möchte anknüpfen an die Zeit Ende der 50er Jahre. Was war an der Jugendarbeit, damals, etwa des ND, so prägend? Kann man das überhaupt noch heute vermitteln?*

Die katholische Jugend war im Grunde die erste Möglichkeit, außerhalb der Familie eine Gemeinschaft zu finden, wo es möglich war, in einer neuen Form Beziehungen aufzubauen. Das war prägend. Denn diese Beziehungen selbst waren geprägt von Freundschaft oder Kameradschaft und von der Möglichkeit »hinauszukommen«, und das ganz wörtlich: also wegzufahren mit dem Fahrrad, in der Gruppenstunde irgendwohin in die Umgebung von Erlangen. Dieses »Hinauskommen« war schon wichtig, etwa in den Sommerferien größere Fahrten zu machen, und immer verbunden mit dieser Dimension des Religiösen. Denn das gehörte im ND oder auch in der MC, der »Marianischen Kongregation«[3], dazu: dass man zu Exerzitien fährt, sich über Religiöses unterhält, sich Themen sucht aus der Bibel oder aus dem kirchlichen Leben und der Gruppenkaplan dann etwas dazu erklärt. Das war für uns nie langweilig, das war immer wichtig, das hat dazugehört, zusammen mit den Gottesdiensten, die jeweils auch gefeiert wurden. Das war sozusagen ein eigener, neuer Raum des Lebens, der nicht beliebig war, sondern mit Verbindlichkeit und mit Inhalten gefüllt war. Das, denke ich, hat mich zumindest *auch* geprägt, nicht so wie das Zuhause, aber doch ganz beachtlich.

Krockauer: Im Grunde kann man sagen, dass das kirchliche Milieu damals die Bedeutung hatte, einen alternativen Raum zur Verfügung zu stellen. Es gab damals in den 50er Jahren keine gesellschaftlichen Alternativen und die

Kirchen erhielten eine hohe Bedeutung für die Sozialisation, für die Gemeinschaftsbildung.

Bei mir war es so und auch bei vielen, die ich später wiedergetroffen habe, die auch dabei waren, die im Nachhinein das Gleiche erzählen, die sagen: Das war für uns eine wichtige Zeit, da haben wir gelernt, Verantwortung zu übernehmen. Ich war später Fähnleinsführer und für Kleinere verantwortlich. Das waren schon beachtliche Erfahrungen des Erwachsenwerdens.

Bucher: Warum hat es damals funktioniert, warum funktioniert es heute nicht mehr? Ich habe eine Vermutung: Es ging damals darum, gescheit zu werden und katholisch zu bleiben. Das ist damals geglückt, weil das alte katholische Milieusystem noch stark genug war, eine Substanz zu präsentieren, aber offen genug – zumindest im ND oder Ähnlichem – Räume zu schaffen, in denen man mit dieser Substanz relativ frei und kreativ umgehen konnte.

Ja, die Analyse stimmt genau. Es war eine Gebundenheit, es war eine Verwurzelung in etwas, was wir nicht selber hergestellt haben, was uns geschenkt wurde an Inhalten, an schon bestehenden Beziehungen, und gleichzeitig konnten wir, so hab ich es zumindest in Erinnerung, damit kreativ umgehen, auch in der auch dort nötigen Auseinandersetzung mit den Älteren.

Bucher: Und warum funktioniert es jetzt nicht mehr?

Ich kann mich nicht gut hineinversetzen in die jetzigen jungen Leute und schon in jene von vor zehn Jahren nicht mehr … Es gelingt ja, stellenweise, was damals gelang, aber es gelingt nicht mehr in diesem Maß. Wenn ich unsere Studierenden in Tübingen anschaue, dann kommen sie zum Teil schon noch aus solchen Zusammenhängen. Aber es werden weniger. Viele Eltern beklagen, dass sie für ihre heranwachsenden Söhne und Töchter keine oder zu wenige kirchennahe Bereiche mehr finden, die attraktiv sind. Das hängt auch mit dem Angebotscharakter zusammen – es gab ja den schönen Begriff des »personalen Angebots« auf der Würzburger Synode –, dass dieses Angebot in dieser Form von Seiten der Kirche nicht mehr aufrechterhalten wird, denn es gibt schon zahlenmäßig die Kapläne nicht mehr, die uns beeindruckt haben. Das Schlimmste, was uns in der Pastoral und auch in der Theologie mit jungen Menschen passieren kann, ist, dass sie alles, was irgendwie mit Religion zu tun hat, als abgrundtief langweilig empfinden. Dieses Gefühl hatte ich nie in solchen Zusammenhängen. Ich hatte auch nie Überformungsängste, weil die Menschen, mit denen ich im kirchlichen Bereich zu tun hatte, auch neugierig darauf waren, was ich zu sagen hatte.

Krockauer: Und heute fehlen dann diese unmittelbaren Bezugspersonen?

Und immer weniger *können* auch in dieser Art in der Pastoral tätig sein. Da hat der Priestermangel, der Mangel an Hauptamtlichen im ortsnahen Bereich, manchmal auch an Nebenamtlichen seine konkreten Auswirkungen.[4]

Krockauer: Eigentlich müsste die Erfahrung in der Jugend eine sehr starke, prägende Kraft Deiner Generation sein. Viele in Deinem Alter müssten doch durchaus positive Er-

fahrungen mit Kirche gemacht haben, etwa im Bereich der Jugendarbeit?

So wie ich sie kenne, stimmt das, haben sie weitgehend positive Erfahrungen. Ich kenne wenige aus meiner Generation, die sagen: »Ich habe zur Kirche Abstand genommen, weil sie mir nichts gegeben hat.« Vielleicht kenne ich jene, die das sagen, einfach zu wenig, das weiß ich nicht.
Und hier stocke ich und muss mich unterbrechen, wenn ich an Hunderte von Missbrauchopfern denke, die zum Teil auch meiner Generation angehören. Ich bin umso sprachloser, als ich nicht einen Hauch davon bei den Priestern erleben musste, denen ich begegnet bin. Aber ich kam auch nicht in die Gefahrenzone eines geschlossenen katholischen Schulsystems.

3. Vor und nach 1968: Studienzeiten

Krockauer: Ich würde gerne überleiten zu einem zweiten markanten Einschnitt der deutschen Geschichte, der auch einhergeht mit einem Einschnitt in der Geschichte der katholischen Kirche, dem II. Vatikanum. Wir sind damit in der Mitte der 60er Jahre. War die Studentenbewegung ein Bruch? Ein erlebter Bruch mit einem herkömmlichen Lebensgefühl, ein Bruch, den Du selbst erlebt hast? Und: Würdest Du Dich als 68er bezeichnen?

Darüber habe ich auch schon manchmal nachgedacht: Bin ich ein 68er? Nicht *zuerst* in jener Weise, in der man es meist versteht, also gesellschaftspolitisch. Da hatte ich Sympathien, aber das war nicht das primär Motivierende. Das Prägende dieser Zeit war für mich und für viele, die ich kenne, eine spezifische Konstellation. Einmal war da der Faktor des II. Vatikanums. Wir hatten ja vorher noch Pius XII. erlebt, dann Johannes XXIII. und dann eben die Aufbrüche des II. Vatikanums und das Gefühl, dass sich da etwas wirklich verändert, dass jetzt etwas Wirklichkeit und erlaubt wird, was wir schon zum Beispiel als Ministranten machen durften: Wir durften schon die Lesungen deutsch vorlesen. Mein Religionslehrer in Erlangen hat das schon Ende der 50er Jahre so gehandhabt. Das ist die eine Seite.

Die andere Seite ist dann tatsächlich die politische Seite, bei mir biographisch speziell der Zusammenhang, von dem wir vorhin gesprochen haben: die Frage nach den Leidenden. Die Studentenbewegung hat bei mir an der Stelle eingehakt – und da sind jene Bilder aus dem Vietnamkrieg gewesen, die wir ja alle kennen –, an der ich kapiert habe: Hier geht es wirklich um Menschen, die von einem Krieg zerstört werden, der nicht erst von seinem Ausgang her sinnlos war, und das durch ein Land, dessen Menschen ich (in den 50er Jahren) eigentlich als Freunde erlebt habe. Die Wahrnehmung der Opfer war es also, die mich auch der Studentenbewegung nahebrachte, nicht die Studentenbewegung in ihrer Gesamterscheinung. Und genau diese Offenheit für die Not der Menschen, wo immer sie leben, sei es in unserem Land, sei es global, habe ich wiedergefunden im großartigsten Dokument des II. Vatikanums, nämlich in der Pastoralkonstitution »*Gaudium et spes*« (»Freude und Hoffnung«); wo die Kirche sich insgesamt Gedanken darüber macht, welche Verantwortung sie denn nach außen hin hat, wenn sie von sich in ihrem Inneren behauptet, zum Heil der Welt ausgesandt zu sein.

Dieses Umdenken, dieses Zerbrechen des Amerikaphilen, diese Unbestechlichkeit in der Opferwahrnehmung und dafür die zweitvatikanische Kirche auf unserer Seite zu wissen, das war im Grunde die eigentliche Motivation, in Würzburg – nicht in dem Maße wie in Berlin – auf die Straße zu gehen und dann mit Schildern bei der Fronleichnamsprozession zu stehen mit dem Amoszitat »Ich hasse eure Feste, ich verabscheue sie und kann eure Feiern nicht riechen« (Am 5, 21), und zwar weil ihr euch nicht in der gleichen Form gegen Unterdrückung und gegen die Zerstörung von ganzen Völkern einsetzt, wie ihr hier Fronleichnam feiert. Das war diese Kombination des Religiösen bzw. Theologischen mit einem bestimmten politischen Anteil der Studentenbewegung, in die Kirche selbst hineingetragen und von ihrer biblischen Tradition radikalisiert.

Bucher: 1968, da hast Du schon studiert?

Ja, 1966 habe ich Abitur gemacht.

Bucher: Davor liegt die Entscheidung, Theologie zu studieren, von Anfang an auf das Priesteramt hin. Jetzt war sicher 1966 die Entscheidung für ein Theologiestudium – wenn man aus einem katholischen Milieu kam – nichts Außergewöhnliches. Oder ist das schon falsch?

Es war nichts Außergewöhnliches. Mein Vater hätte sich auch was anderes vorstellen können, meine Mutter weniger, aber auch das war nichts Außergewöhnliches.

Bucher: Wenn man die Entscheidung für das Priestertum und die Entscheidung für die Theologie erst einmal trennt und die Entscheidung für die Theologie betrachtet: 1966 war die nach-vatikanische Theologie noch nicht unbedingt Allgemeingut. Was faszinierte Dich an der Theologie als Wissenschaft, und wie passte diese Studienentscheidung in das hinein, was 1968 passiert ist?
Krockauer: Das passiert ja praktisch zeitgleich?!
Bucher: Das ist fast zeitgleich: Abitur, II. Vatikanum und Deine Entscheidungen für Theologie und Priestertum. Die 68er-Erfahrung war ja die fast singuläre Erfahrung, Teil einer gesellschaftlichen Beschleunigung zu sein. Bei Dir kommen noch eine kirchliche Entwicklungsbeschleunigung hinzu und eine biographische Fokussierung und Entscheidungszone. Wenn Du das rückblickend versuchst auseinanderzunehmen: Wie schaut das für Dich aus?

Die erste Entscheidung, die für die Theologie, hat noch nicht viel mit den Aufbrüchen des II. Vatikanums zu tun, freilich schon mit der Erfahrung, dass sich da etwas verändert, aber noch nicht in zentraler Weise motivbildend. Ich fand den Religionsunterricht immer spannend, aber das war es nicht allein. Es war einfach die Sehnsucht, dieses Fach, dieses Gebiet kennenzulernen, da einzusteigen; es war eine ganz große Neugier, Theologie zu studieren.

Bucher: Was hat Dich fasziniert?

Die Faszination war, in dieses Geheimnis einzudringen. Da muss doch noch mehr dahinter sein als das, was ich im Religionsunterricht gelernt habe. Wenn man ein ganzes Studium damit verbringen kann, muss ja noch so viel da sein, was ich jetzt nicht weiß und was sicher spannend ist. Das war die Motivation zum Theologiestudium – verbunden dann schon, das ist richtig, mit der Motivation zum Priester; und ich kann im Nachhinein nicht auseinanderhalten, was jeweils dominanter war. Während des Studiums war immer das Studium selber dominant. Es war dann nach dem Studium gar nicht so einfach, die Entscheidung für das Priesteramt nochmals zu treffen, die war am Anfang selbstverständlicher, die war am Anfang auch weiter weg, war zwar in der Konsequenz damit verbunden, aber nicht so präsent.
Die eigentliche Wende kam innerhalb des Studiums. Ich habe in Bamberg bis zum Philosophicum eine ziemlich vorkonziliare Philosophie und Theologie studiert. Und die Dogmatik, die mich danach in Bamberg erwartete, war im Grunde Ludwig Ott[5], und damit war es das dann. Mit 30 Fragen in der Prüfung, die man einzeln zu beantworten

hatte, um möglichst wenig Eigenes dabei zu denken. Zum Wintersemester 1968/69 ging ich ins Freisemester nach Würzburg. Da habe ich dann auch »linke« Literatur gelesen, einen Großteil der Literatur der Studentenbewegung, von Theodor Adorno bis Herbert Marcuse; und im Zusammenhang damit ein Seminar zur »Gott ist tot«-Theologie. Das war eine hochexplosive Konstellation, dann noch mit den Texten des II. Vatikanums, das ist klar. Da ist etwas in Bewegung gekommen und da ist etwas entstanden, was ich vorher nicht kannte, und das hat sich dann mit manchem, was vorher angebahnt war, verbunden. Ich habe damals kapiert, was konzeptionell »Kritische Theorie« heißt, nämlich eine Beziehung zur Wirklichkeit aufrechtzuerhalten, die erst einmal hinschaut und sagt: »Es muss nicht so sein, wie es ist«, und die auch sagt: »Gerade deswegen« muss es nicht so sein. Es gibt Besseres, was möglich ist.

Krockauer: Diesen Impuls verdankst Du Außenstehenden?

Ja.

Und dieser Impuls gelang ja nur durch die Rezeption des/der Anderen, des Fremden, die auch kirchlich durchaus kritisch gesehen wurden?

Ja. Ich war auch in Erlangen bei Demonstrationen und Großversammlungen der Studentenbewegung, die Teilnehmer dort haben mit Kirche nichts am Hut gehabt. Das war sowieso klar. Ihren Diskussionen verdankte ich aber viele Anregungen, auch ihrer handlungsbezogenen Entschiedenheit. Bei mir kam dazu noch die Möglichkeit, in der

Theologie analoge Positionen zu studieren, zu modifizieren und zu begründen. Das war natürlich toll.

Krockauer: Da gibt es im Rückblick ja durchaus auch die Einschätzung, dass hier eine Form der Ideologisierung der Theologie stattgefunden hat und man besser auf die Rezeption bestimmter Theorien verzichtet hätte. Wie siehst Du das im Nachhinein?

Ich sehe das im Nachhinein so: Wir haben in der Theologie das auf uns zukommende Außen wie zum Beispiel die »Kritische Theorie« als Theorie eines kritischen Verhältnisses zur Wirklichkeit aus einer ganz bestimmten Perspektive, nämlich um sie zu verändern, identifiziert mit analogen prophetischen Vorgängen etwa in der Bibel. Es ist also nicht so, dass das ein Außen geblieben ist, sondern es wurde für die Präzisierung eines biblischen Vorgangs auf dem Sprach- und Reflexionsniveau der Gegenwart fruchtbar gemacht, aber ohne seine kritische Potenz von außen her zu verlieren; aber auch nicht, ohne die kritische Theorie vom Innen her theologisch zu erschließen und zu verändern. Das war ja das Aufregende: das, was im Außen auf uns zukommt, im inneren Bereich, in der eigenen Identität als etwas Wichtiges zu entdecken und die eigene Identität vom Anderen her und damit auf den Anderen zu ausdrücken zu können.

Bucher: Unter welchen Voraussetzungen war das möglich? Es hat ja auch Abwehrbewegungen gegeben, auch innerhalb der Theologie. Theologiegeschichtlich kann man relativ leicht feststellen, dass jede Theologie durch solche Konfrontationsprozesse entsteht, aber das geschieht nie ohne

Konflikte und Auseinandersetzungen. Gibt es Regeln für die Rezeption neuen, fremden Denkens?

Man kann tatsächlich ein paar Regeln destillieren. Die eine Regel ist die Freude daran, in einer Welt etwas wahrzunehmen, die nicht die eigene ist. Ich kann mich gut erinnern, wie ich die wichtigsten Texte der Studentenbewegung gelesen habe, nämlich die ersten Texte der Vorträge von Herbert Marcuse in Berlin – »Kritik der reinen Toleranz« – und die ersten Texte einer für uns damals völlig verrückten Theologie, der »Gott ist tot«-Theologie bis in ihre Extreme, verbunden mit einer neuen Lektüre von Bonhoeffer. Das war kreativ, das war spritzig, das war prickelnd, das hat einfach Spaß gemacht. Gerade weil es nicht möglich war, es einfach zu integrieren. Ich war auch zeitweise hilflos.

In irgendeinem Seminar musste ich einen Vortrag halten über meine Auseinandersetzung mit der »Gott ist tot«-Theologie, vor allem mit Altizer.[6] Das war ein Kampf, das war spannend. Weil ich ihn sehr ernst genommen habe, konnte ich ihn nicht »besiegen«. Das war eine auch schmerzliche gegenseitige Eröffnung. Die zweite Regel ist also, sich vor jeder Vereinnahmung zu hüten, manchmal auch übrig zu bleiben als derjenige, der staunt und ratlos ist und schließlich der anderen Seite gönnt, anders, vielleicht sogar unverständlich zu sein. Dieses Gönnen ist nicht gönnerisch gemeint, sondern will ganz positiv, dass der andere Mensch mit seinen Gedanken und Ansichten – in schöpfungstheologischer Tiefe formuliert – *da* ist.

Bucher: Da ist ja ein für Theologen typisches Problem. Einerseits ist da die Faszination für ein neues intellektuelles

Design, ist der »Spaß« an neuem Denken. Auf der anderen Seite steht die existenzielle Wucht der Theologie, denn in ihr geht es nicht nur um ästhetische Wahrnehmung neuer intellektueller »Figuren« und Erfahrungen, sondern um Existenz: um die Existenz Gottes, um die Existenz des Menschen, um die Existenz der Welt. Wie verhält sich das zueinander?

Es ist eine große Versuchung, dass man über die Ästhetik des Denkens und der Sprache die zerrissene und manchmal hässliche Wirklichkeit aus dem Blick verliert. Auch wenn ich im Nachhinein diese Unterscheidung zwischen Ästhetik und Existenz in mein damaliges Denken zurückprojiziere, war es, wenn ich das so sagen darf, gerade das Charakteristische meines Studiums und des Studiums vieler meiner Mitstudierenden, die Existenzfragen nicht aus dem Blick zu verlieren. Die Ästhetik der neuen Texte, die wir aufnahmen, war ja selbst in diesen Texten bereits an Inhalte gebunden, die mir und uns wichtig waren. Das war keine Spielerei, es war eine Freude am anderen Sprachspiel und an der Präzision des anderen Denkens, das ja. Ich kann mich erinnern, dass ich in dieser Zeit diese Sprachspiele auch in meinen eigenen Wortschatz aufgenommen habe, teilweise jedenfalls. Es war weniger eine irgendwie beliebige Lust am Text der anderen, was mich dabei reizte, sondern dass da und auf diesem Niveau das Gleiche oder dazu Widersprüchliche, aber Herausfordernde, verhandelt wurde wie das, was mir am Herzen lag als Christ oder als Theologe und was ich bisher noch nicht so formulieren konnte.

Krockauer: Das ist ja etwas ganz Einschneidendes und Maßgebliches bis heute geblieben: wie man mit den ande-

ren Stimmen und Perspektiven umgeht. Noch einmal die Frage nach dem Weg zwischen Affirmation und Negation des anderen. Affirmation: Das hieße blindlings rezipieren und in der Theologie aufsaugen und zu einer Theologie etwa im Gefolge der Kritischen Theorie zu werden. Negation: Das hieße, sich händeringend davon distanzieren. Was liegt dazwischen? Also nochmals: Was würdest Du heute als Regeln definieren?

Zu den bereits genannten beiden Regeln eine weitere »Regel« oder besser »Einstellung«: Es ist die Einstellung, dass ich mindestens potenziell auch das Andere sein könnte. Ich kann mich gut an die Auseinandersetzung um Luise Rinser erinnern, an diese großen Angriffe vor allem auch von katholischer Seite, weil sie Leute von der »Roten Armee Fraktion« in Rom empfangen hat, auf eine Dichterin, die vorher als katholische Schriftstellerin hofiert wurde. Ich habe sie wenige Monate danach zu einem Vortrag in der Studentengemeinde in Bamberg eingeladen, ich holte sie in München ab und brachte sie nachts wieder zurück. Auf dieser Fahrt hat sie mir viel davon erzählt. Ich erinnere mich, dass ich dabei gedacht habe: Wenn irgendetwas in meiner Biographie anders gelaufen wäre, hätte vielleicht nicht viel gefehlt, dass ich »Sympathisant«, wie es damals hieß, gewesen wäre, wenn man mit der Hoffnung auf Reform resigniert hat, nicht mehr aus noch ein weiß und den »Ausweg« der Gewalt heimlich an andere delegiert.
Damals gab es ja die ersten Theologen der Befreiung in Lateinamerika, die nicht mehr anders konnte als zu den Waffen zu greifen, um das Volk zu schützen und vom Elend zu befreien, Camillo Torres zum Beispiel und andere. Dieses Gefühl, ich könnte das Andere auch sein oder der An-

dere oder auf der anderen Seite, bei allem Schrecken auch davor. Das hat mich schon beschäftigt. Das war eine »Überbrückung« ganz eigenartiger Art, eine, die sehr vorsichtig macht gegenüber leichtfertigen binären Schwarz-Weiß-Einteilungen.

Bucher: Du hast das personal formuliert: Ich könnte der Andere auch sein. Wenn man es von der Sache her formuliert: Gab es eine Konvergenz der Optionen, oder worin bestand die Möglichkeit, genau dieses Andere auch zu sein?

Die Konvergenz der Optionen, nicht in jedem Fall der Mittel, ist das eine, doch viel tiefer reicht die Erfahrung der Ausweglosigkeit. Das ist die Frage: Wie gehe ich mit der Erfolglosigkeit in Bezug auf diese Optionen um? Ich sage es einmal von der anderen Seite her: Wenn ich in Bethlehem bin oder in einem palästinensischen Flüchtlingslager, dann geht es mir genauso. Wenn ich da aufgewachsen wäre als junger Mensch, ich wüsste nicht, was ich täte. Es geht um die Erfahrung der Ohnmacht und wie ich damit umgehe, wenn ich nicht durchkomme mit meinen Vorstellungen von Gerechtigkeit und Befreiung. Dann gibt es oft nur noch die Alternative der Resignation oder der Gewalt.
Ich habe dann jenen Weg gewählt, den ich auch an Jesus wahrgenommen habe, nämlich einen Weg zwischen diesen beiden Wegen: keine Gewalt anzuwenden, aber auch nicht zu resignieren. Dazu braucht man eine ganz bestimmte Ressource: Hoffnung wider alle Hoffnung. Aber ich kann die andere Seite in einer erschreckenden Weise verstehen, wenn ich mich auf die Alles-oder-Nichts-Vorstellung einlasse: jene Seite, die bis zur Selbstvernichtung depressiv wird: Es ändert sich nichts und jetzt gehe ich weg und tre-

te ab, das ist ja auch eine Art von Gewalt, sich selbst gegenüber. Oder ich übe direkte Gewalt gegen die wirklichen oder vermeintlichen Verursacher, weil ich keinen Ausweg mehr sehe und das Elend erdrückend ist.

Bucher: Du bist ja dann so einen radikalisierten Weg nicht gegangen.

Nein.

Bucher: Was hat Dich davor zurückschrecken lassen oder davor gerettet?

Also ich hätte nicht wie die RAF Menschen erschießen können. Der Leib des anderen Menschen ist für mich eine absolute Grenze. Das ist die eine Grenze, die ich körperlich spüre. Die andere Grenze ist, dass ich Gott sei Dank, und diesen Dank empfinde ich stark, im Konzept der biblischen Prophetie und einer christlichen Ausrichtung des Lebens wirklich einen Ausweg finde, zwischen Skylla und Charybdis, zwischen Alles oder Nichts, zwischen Resignation und Gewalt ein Leben zu führen, das auch bei Erfolglosigkeit die Hoffnung nicht aufgibt. Gut, andere nannten dies »den langen Weg durch die Institutionen«. Das war keine Kategorie, die für mich sehr bedeutsam war. Schon eher die Vorstellung, dass in den Augen Gottes nichts an Gutem jemals umsonst ist, auch wenn es hier umsonst erscheint.

Bucher: Wenn man so etwas mitmacht wie die Ereignisse und Umstände des Jahres 1968, dann verändert sich ja nicht nur ein intellektuelles Schema, sondern ein ganzer Biogra-

phieentwurf. Rein äußerlich bist Du auf dem einmal eingeschlagenen Weg geblieben. Aber was hat sich verändert?

Es stimmt, ich bin auf dem Weg geblieben; aber es hat sich auf diesem Weg eine Menge verändert. Ein Beispiel: Ich bin wieder zurück ins Seminar in Bamberg, und da haben wir das ganze System umgedreht. Wir, das sind auch die anderen, die mit ähnlichen Erfahrungen zurückgekommen sind.

Bucher: Was heißt das konkret?

Ein Beispiel, dann wird es klar. Der »Generalpräfekt«, ein Alumne als Vorstand der Alumnen, war immer vom Regens bestimmt worden. Wir haben das dahingehend verändert, dass aus ihm der »Seminarsprecher« wurde, der von uns gewählt wurde. Die Idee, die dahinterstand, war die eines offenen Hauses, also Schlüssel für alle. Meine Erinnerung an die zweite Hälfte meiner Zeit im Priesterseminar ist verbunden mit der Erinnerung an ein Haus, das die Strukturen von innen nach außen völlig verändert hat, ein Haus als ein Ort eines lebendigen, manchmal heftigen Diskurses, vor allem innerhalb der Theologie.

Krockauer: Das ist ja jetzt nur ein Beispiel für radikale Änderungen innerhalb von Kirche am Beispiel des Priesterseminars, vergleichbar mit den Änderungen in den Verbänden und Gemeinden. Was würdest Du im Nachhinein sagen: Kam dieser Impuls, etwas zu verändern, durch die Rezeption des II. Vatikanums oder durch die Außenimpulse, die Zeichen der Zeit, die aus dem Raum der Gesellschaft in den Raum der Kirche hineinwirkten? Woher kam der

Mut, woher die Initiative, etwas grundlegend zu verändern?

Ich hatte damals diese späteren analytischen Kategorien von Innen – Außen nicht präsent. Es war das Zusammenspiel von beidem, der synodalen Strukturen und Aufbrüche des II. Vatikanums mit den Erfahrungen der Von-unten-Aufbrüche der Studentenbewegung. Es war insgesamt der Impuls, dass von unten Wichtiges wahrgenommen und gehört werden muss. Das war es, was mich beschäftigt hat, aber auch den Großteil derer, die damals mit mir studiert haben.

Krockauer: Man könnte also sagen, eine inhaltliche Übersetzung von »umdrehen« lautet, »etwas auf die Füße stellen«, »das Unten wahrnehmen«, »die Stimme des Einzelnen zählen lassen«. Man könnte es auch »basisbezogen« nennen?

Ja, das waren unsere Begriffe, synodal oder basisbezogen.

Krockauer: Das hat sich dann mit der Volk-Gottes-Theologie und mit der Orientierung an den Charismen der Einzelnen im Volk Gottes verknüpft?

Ja, das hat uns sehr beeindruckt.

Krockauer: Ist die Volk-Gottes-Theologie der Anstoß und Anfang gewesen, das Unten und damit auch die Subjektwerdung des Einzelnen zu denken? Oder war das nur Begleiterscheinung bzw. die Einwirkung eines gesellschaftlichen Demokratisierungsprozesses in Deutschland? Woher kam der Anstoß?

Der zentrale Antrieb war natürlich, dass ich selber gehört werden wollte mit dem, was mir wichtig ist, z. B. vom Studium in Würzburg her. Ich glaube, das ist das Entscheidende und alles andere gruppiert sich darum herum: der Wunsch, dass das, was ich selber denke, beispielsweise in der Auseinandersetzung mit der klassischen Dogmatik, kreativ entwickle, Geltung hat! Dass wir nicht nur zuhören mussten, sondern gehört wurden.

Krockauer: Damit hast Du wahrscheinlich für viele gesprochen. Das war vermutlich damals das Verbindende quer durch alle Verbände, Vereine usw., dass die Stimme wach wurde, gehört zu werden.

Ja, genau.

Bucher: Das war jetzt eine bemerkenswert ehrliche Antwort und sie passt in die Diskussion, die seit einigen Jahren zu den Erfahrungen mit den »68ern« im Gange ist. Eine sehr kritische These sagt da ja: »1968«, das war ein extrem egoistisches Generationenprojekt. Ohne das jetzt diskutieren zu wollen: Unter welchen Voraussetzungen klappt so etwas, hat es Erfolg? Denn den hattet Ihr ja.

Vorübergehend.

Bucher: Nicht nur vorübergehend. Es wurde vieles verändert, auch wirklich »umgedreht«. Die Universität schaut nicht mehr so aus wie vor 68, die Schule, auch die Kirche nicht. Es wurde vieles in Gang gebracht und weitergedreht. Nochmals: Was sind die Voraussetzungen, dass so etwas klappt? Warum hat es damals geklappt? Und dann gleich eine zweite Frage: Du hast Theologie studiert, sagst Du, um hinter das Geheimnis zu kommen. Welcher Zusammenhang besteht zwischen diesem ursprünglichen Zugang zum Theologiestudium und 1968?

Warum es geklappt hat? Ich kann es wirklich nicht anders sagen, als dass es dieses schon angedeutete, im Vorhinein nicht planbare Zusammentreffen verschiedener, sich gegenseitig verstärkender Ereignisse und Faktoren war. Pathetisch würde man sagen: Die Zeit war reif dafür. Was ich dann selber an Theologie entwickelt habe, das war ein Weg, innerhalb dieses Gesamtgeheimnisses der Theologie aktiv zu sein und darin einen Raum der Bestimmung zu eröffnen. Letzteres hat mit »1968« zu tun.

Bucher: Was meint »Raum der Bestimmung«?

Es meint, zu sagen: Das gilt! Und zwar im Horizont des unfassbaren Gottes selbst. Wenn aus dem Geheimnis Gottes heraus nichts gezeigt werden könnte, wäre es bedeutungslos. In den Offenbarungsreligionen glauben wir daran, dass sich Gott in die Geschichte hinein selbst eine Bedeutung gibt, im christlichen Glauben unüberbietbar in Jesus Christus. Selbstverständlich ist es immer wieder nötig, um aus der Bedeutung nicht einen Götzen zu machen, die Endgültigkeit und die letztgültige Wahrheit dieser Bedeutung in die Hand Gottes und seiner Zukunft zu legen, aber das schmälert nicht die Einsicht, dass die Bilder und Inhalte des Glaubens in ihrer Richtung »stimmen«. Nicht berechenbar, aber erhoffbar. Erst dadurch ist es auch möglich, dass Maßstäbe für die Gestaltung des Lebens benennbar sind: Wie ist aus der Perspektive des Willens Gottes

heute Kirche zu organisieren, wie ist das Christentum zu gestalten? Worin finde ich dann in diesem ganzen Zusammenhang meine eigene Bestimmung?
Die Ikonen aus den orthodoxen Kirchen zeigen genau diese Dialektik zwischen Geheimnis und Bestimmung: Sie verweigern die dritte Dimension des Räumlichen und machen in dieser ikonischen Differenz bei aller Darstellung auch die Unvereinbarkeit des Bildes mit der darin vergegenwärtigten Wirklichkeit Gottes sichtbar. Die Negation des Raumes zeigt die Niemalsumfassbarkeit Gottes selbst. Aber so wie uns aus dem Bild Christus anschaut, ist es gleichwohl ein »Fenster zur Ewigkeit«.

Bucher: Da zeichnete sich so etwas ab wie ein Konkretionsraum dieses Geheimnisses?

Ja.

Bucher: Ist das zu der damaligen Zeit so oder so ähnlich tatsächlich gedacht und kommuniziert worden?

Das ist eine eher nachträgliche Sicht der Dinge, denn den Tiefen der Geheimnistheologie habe ich mich erst später mit Karl Rahner genähert. Bei mir war es am Ende des Gymnasiums wohl beides: die Sehnsucht nach dem Geheimnis selbst, nach einem spirituellen »Zugang«, die diesem Geheimnis in seiner Unzugänglichkeit »gerecht« wird, und die Sehnsucht, das Geheimnis Gottes annähernd zu »ergründen«, herauszufinden, was die Theologie überhaupt noch alles weiß, was da jahrhundertelang an Wissen angesammelt wurde.

Bucher: Wie denkst Du heute den Zusammenhang zwischen diesem theologischen Geheimnisbegriff und diesen Feldern der Konkretion?

Heute sehe ich mich in einer viel größeren Spannung als damals. Damals hatte ich noch keinen pointierten Begriff von »negativer Dialektik« in seiner Bedeutung: da gibt es Wirklichkeiten und Positionen, deren Widerspruch nicht und niemals, jedenfalls nicht im Diesseits der Geschichte, vereinbar sind. Es ist gewissermaßen der Angriff von Theodor Adorno und auch Herbert Marcuse auf die Dialektik Hegels, die in der Synthese landet und sich darin auflöst. Zwischen Gut und Böse, zwischen Leidzufügung und Leiderfahrung oder, auf unser Thema bezogen, zwischen Geheimnis Gottes und unseren Bestimmungsversuchen gibt es keine Synthesen, die die himmelweit voneinander entfernten Extreme auflösen könnten. Sie können in Kontakt geraten, dann ist dieser Kontakt aber selbst nochmals von dieser Unauflösbarkeit des Widerspruchs bestimmt.
Auf die Frömmigkeit bezogen ist mir das bei meinen Arbeiten zum Klagegebet deutlich geworden: Zwischen dem klagenden Menschen und der darin erlittenen Verborgenheit Gottes auf der einen und jenem Geheimnis Gottes, das in unergründlicher Weise das alles zulässt, auf der anderen Seite gibt es keine Vermittlung, am Ende »nur« die, dass diese Dialektik nun auch den eigenen Glauben prägt: nämlich Gott als nahe zu glauben, obgleich er nicht als solcher erfahrbar ist und obgleich in der Bibel die Warumfrage nie beantwortet wird, verbunden mit der Hoffnung, dass er einmal retten wird.
Du hast vorhin vom egoistischen Generationenprojekt der 68er gesprochen. Und es ist tatsächlich nicht nur von dort

her, sondern überhaupt eine entscheidende Frage, wie sich Egoismus und Engagement jeweils zueinander verhalten. Auf der einen Seite hat jede Jugend damit zu tun, in die vielfach besetzte Vorgegebenheit von Tradition und sozialen wie kulturellen Konstruktionen eine eigene Wichtigkeit zu entwickeln, die »mehr« ist als das Vorhandene. So dass junge Menschen in dem Vorhandenen selber vorkommen, mit ihren eigenen Anliegen, mit ihrer eigenen Selbstbehauptung.
Auf der anderen Seite waren das Sich-Durchsetzen und das Eine-Sache-Durchsetzen damals für mich und für viele von uns zu sehr verschweißt, als dass wir darin die eben angesprochene Dialektik zwischen Engagement und der »Sache Gottes« hätten einführen können, nämlich dass beides nicht ineinander aufgeht und sich dann erst zueinander begrenzend und kritisch zu verhalten vermag. Jedenfalls im Horizont jener Geheimnistheologie Gottes, die die allerletzte Begründung und Absolutsetzung nicht selbst beansprucht, sondern an Gott selbst abzugeben vermag. Diese Fähigkeit, sich und die eigene Meinung zu relativieren, ist also auch theologisch motiviert.

Bucher: Um noch einmal auf die Frage nach den Bedingungen für Veränderungen zurückzukommen: Eine Voraussetzung ist natürlich klar – es braucht einen Entwicklungsstau, es braucht etwas, das seit langem der Veränderung harrt.

Am Reformstau fehlt es uns nicht, und zwar in vielen Bereichen, im politischen Bereich genauso wie im sozialen und kirchlichen Bereich. Es braucht dann aber auch, und genau dies könnte ein Unterschied von damals zu heute sein, von der Politik über die öffentliche Meinungsbildung

bis in das kirchliche und theologische Leben hinein »Köpfe«, die faszinierenden Personen gehören, sowohl in dem, was sie leisten, wie auch in dem, was sie darin vertreten. Personen, die überzeugend sind und denen man Vertrauen schenken kann. Diesbezüglich haben wir in der Gesellschaft und in der Kirche einen flächendeckenden Vertrauensverlust.
In der Theologie konnten wir uns an großen Meistern abarbeiten: Karl Rahner, Hans Urs von Balthasar ... und wir hatten streitbare Bischöfe, reife Persönlichkeiten wie Julius Döpfner, Hermann Volk und Franz Kamphaus. Dass wir heute mutige Bischöfe haben, die sich um eines pastoralen Anliegens willen in den Streit mit Rom hineinbegeben, ist nicht leicht mit Überzeugung zu bestätigen. Aber auch in der Theologie scheint es so: Gemessen an den eben genannten Theologen fehlt uns irgendetwas. Vielleicht sind wir zu mittelmäßig. Wir sind nicht schlecht im Denken, in der Forschung, im Bereich der Praktischen Theologie eignen wir uns, notwendigerweise, viele Forschungsmethoden an, vor allem im Bereich der empirischen Forschung, aber in der Art und Weise, wie damals Johann Baptist Metz bei der Synode sein Hoffnungspapier verteidigt hat, gibt es wenige, die in einer derart frischen und prickelnden Weise Theologie treiben, hoch intellektuell und zugleich in einer attraktiven Weise überzeugend. Ich glaube schon, dass dies ein Problem heute ist. Es fehlen diese außerordentlichen Vorbilder.

Krockauer: Das ist jetzt aber sehr selbstkritisch.

Es wurde nach den Bedingungen gefragt, dass Veränderung gelingt oder angestoßen wird. Eine scheint mir zu sein, dass es solche Autoritäten gibt, wo wir sagen »gegen den bin ich« oder »das find ich jetzt ganz toll« oder »der bringt etwas zu Wort, was ich so nie sagen könnte«. Aber ich sollte vorsichtiger sein, vielleicht sind diese Köpfe alle da, kommen aber nicht mehr zum öffentlich wirksamen Zuge, weil sich die Zeiten für Theologie und Kirche in der Gesellschaft verändert haben.

Krockauer: Die Zeit hat sich natürlich gewandelt. Wir laufen jetzt leicht Gefahr, die Zeit damals zu verklären. Eine heutige Studentin ist vielleicht Jahrgang 1990, und ein junger Professor vielleicht Jahrgang 1970. Beiden wird die Bedeutung der 60er Jahre persönlich nichts sagen, außer sie oder er erschließt sich das über Erzählungen oder über Rekonstruktionen. Wie würdest Du Dich den nachfolgenden Jahrgängen gegenüber identifizieren lassen?

Ich würde mich in Bezug auf die sogenannten 68er nie so bezeichnen, als wäre ich in diesem Begriff aufgehoben, als würde er meine ganze Existenz bezeichnen. Das ist nicht der Fall, sondern das ist ein Faktor meiner damaligen Geschichte, ein ganz wichtiger, aber daneben gibt es, verbunden mit dieser Geschichte, auch noch andere rote Fäden, die mich beeindruckt haben und die für mich zum Teil auch wichtiger sind.

Bucher: Du hast Theologie als etwas erlebt, was nicht einfach nur verwaltet wird, weder wissenschaftlich noch kirchlich, sondern da gab es zentrale Gedanken, die durch einen Außenimpuls erhellt werden, der sich innen gespiegelt hat und dann wieder nach außen ging, in die Öffentlichkeit.

Wo Theologie verwaltet wird, wird sie auch verordnet. Dann kann ich nicht mehr Subjekt dieser Theologie werden. Aber Theologie kann es nicht geben, wenn sie nicht im Prozess des Theologietreibens dem Subjekt Geltung verschafft, vor den Menschen und vor Gott. Was viele Studierende am Theologiestudium besonders schätzen, ist, dass sie darin selbst gefragt sind. Den entsprechenden Kontrast erleben manchmal Lehramtsstudierende, wenn sie erfahren, dass sie in ihren anderen Studienfächern hauptsächlich nur das zu leisten haben, was vorgesetzt und abgefragt wird. Aber Ähnliches gibt es ja auch bei uns. Es ist also bei aller notwendigen Aufnahme von Vorgegebenem und bisher Gedachtem immer auch wichtig, dass mit dem vorhandenen Material die Freiheit des Denkens nicht verlorengeht. Sodass auf einmal etwas durchaus Altes nun für die Beteiligten selber als etwas ganz Frisches zum Vorschein zu kommen vermag.

Noch ein anderes Problem sehe ich heute, jedenfalls viel stärker als vor 30 Jahren, nämlich die Gefahr, dass wir in der immens angewachsenen Fachliteratur, jedenfalls zu vielen Themen, eher ersticken, als dass sie uns im kreativen Weiterdenken hilft. Wenn Studierende ein Thema übernehmen, sei es in einer Seminararbeit, in einer Diplomarbeit oder in einer Dissertation, dann ist es immer wieder nötig, sie zu ermutigen, erst mal und dazwischen auch Bücher wieder wegzulegen und selber nachzudenken. In der Regel kann man heutzutage gar nicht mehr alles lesen, was es zu einem Themenkreis gibt. Man benötigte viel zu viel Lebenszeit dafür. Der Mut zur Lücke, jedenfalls der Mut dazu, durch die Literatur Schneisen zu schlagen und nicht alles berücksichtigen zu können, ist die Bedingung dafür, dass man überhaupt noch wissenschaftliche Arbeiten schreiben kann.

4. 1972: Kaplan und Seelsorger

Bucher: Zurück zu Deiner Biographie. Wir sind am Ende des Studiums 1971 angelangt. Wie entwickelte sich die Entscheidung zum Priester? Welchen Zusammenhang siehst Du zwischen dem Theologiestudium, das wir jetzt ein wenig erkundet haben, und dem Priesteramt?

Damals hat mich vor allem die Sehnsucht gedrängt, mich dafür einzusetzen, dass diese Inhalte, die ich als so wegweisend empfunden habe, weitergegeben werden. Die konkrete Seelsorge hat dann völlig neue Erfahrungen freigemacht, die diese Erstmotivation verändert und bereichert haben.

Bucher: Welche Erfahrungen waren das?

Es waren die vielen Begegnungen mit Menschen in unterschiedlichen Situationen des Lebens, von den Kindern bis zu den älteren Menschen. Als jüngster Kaplan in der Pfarrei war ich für die Jugendarbeit verantwortlich: Die Begegnung und Zusammenarbeit mit den jungen Menschen, die vielen Stunden, die wir verbracht, und die vielen Fahrten, die wir unternommen haben, haben mir deutlich gemacht: Ich bin nicht nur einer, der Inhalte weitergibt und verkündigt, sondern der selbst Verkündigung empfängt. Die besten, nicht nur praktischen, sondern auch theologisch relevanten Ideen kamen oft von den jungen Menschen selbst. In vielen Situationen der Seelsorge habe ich gemerkt, dass es gar nicht so wichtig ist, was ich sage, sondern dass ich da bin und da bleibe und Zeit habe, zum Beispiel bei Hausbesuchen zuzuhören, was die Menschen eigentlich glauben. Waren für mich vorher vor allem Leute wichtig, die etwas von der Theologie verstanden, so habe ich in der Pastoral beträchtlich umgelernt: Ich habe viel und noch mehr von denen gelernt, die etwas vom Leben verstanden und von einem Glauben – oder auch von Schwierigkeiten mit dem Glauben – in diesem Leben.

Bucher: Seelsorgeerfahrungen sind, wenn man sich darauf einlässt, wirkliche Konfrontationen mit dem »ganz normalen Leben«. Erinnerst Du da eindringliche Erfahrungen aus Deinen Kaplansjahren?

Es ist ja das Eigenartige, dass in der Seelsorge das, was für die Menschen gerade nicht das normale Leben ist, für uns das normale Leben ausmacht: etwa wenn ich ans Krankenbett gerufen wurde, dann gehörte das zu *meinem* Alltag, für die Kranken selbst war es eine nicht-alltägliche, oft sehr extreme Situation.
An eine erinnere ich mich besonders, weil sie die Depotwirkung hatte für mein späteres Habilitationsthema, wo ich versucht habe, das Gebet der Klage für das christliche Beten zu rehabilitieren. Ich komme in das Krankenhaus und besuche eine Frau mittleren Alters, die schwer an Krebs erkrankt ist. Im Gespräch macht sie deutlich: Ich bin eigentlich mit Gott überhaupt nicht mehr einverstanden, ich möchte gegen ihn aufstehen, ihn auch anklagen, aber das ist ja nicht erlaubt, das ist ja hadern, das darf ich ja nicht. Ich weiß nicht mehr, was ich geantwortet habe, nur dass ich ziemlich hilflos war und dass mich diese Begegnung verfolgt hat: Warum soll die Klage und Anklage Gottes auch im christlichen Bereich nicht erlaubt sein, wo doch

40 Prozent der Psalmen Klage- und Anklagegebete gegenüber Gott sind? In der Theologie wurden Letztere lediglich als vergangenheitsbezogenes Forschungsprojekt in der alttestamentlichen Wissenschaft verhandelt. Ich hatte vorher noch nie etwas von Klagespiritualität gehört, wie ja auch im katholischen Gebet- und Gesangbuch »Gotteslob« die Klage als eigene Gebetssorte gegenüber Lob, Dank und Bitte nicht vorkommt.
Manchmal waren die Kontrasterlebnisse schon ziemlich stark: Wir hatten im Pfarrgebiet das Krematorium und auch die Aussegnungen für diejenigen zu übernehmen, die aus anderen Pfarreien Nürnbergs kamen. So war es nichts Ungewöhnliches, am Rosenmontag während des Kinderfaschings zweimal ins Krematorium zu fahren.
Eine andere Szene ist mir in Erinnerung, die mich ziemlich beschämt hat. Als ich einmal im Bamberger Ordinariat wegen einer allzu forschen Predigt »angezeigt« wurde, hat mich ein älterer Gottesdienstbesucher in einem Brief nach Bamberg verteidigt, obgleich er als konservativer Christ gar nicht mit allem so einverstanden war. Dieser ältere Herr hat mir derart gezeigt, was es heißt, eine andere Meinung zu schätzen und zu schützen.

Krockauer: Wir sind mittlerweile im Jahr 1972, ein Jahr zuvor startete die »Würzburger Synode«, die Texte und Beschlüsse des II. Vatikanums schienen angekommen zu sein.

Auch in den Gemeinden. Wir haben uns als solche verstanden, die diese neue Sicht der Kirche den Gemeinden sagen wollten. Dahinter war schon ein missionarischer Eifer, der auch verbunden war mit einer relativen Rücksichtslosigkeit jenen gegenüber, die sich diesem neuen Bild der Kirche nicht geöffnet haben. Wir haben sie nicht gerade verachtet, aber wir haben sie buchstäblich rechts liegen lassen. Wir wollten auch die zur aktiven Teilnahme zwingen, die mit der passiven Teilhabe schon zufrieden waren. Wir haben die Positionen des II. Vatikanums jedenfalls ziemlich forsch gegenüber jenen vertreten, die mit ihrem ganzen Glauben an den Formen und Bestimmungen der vorvatikanischen Kirche festhalten wollten. So sprachen wir von der Freiheit der Charismen und haben gleichzeitig Menschen, die sich nicht diesem zweitvatikanischen Mainstream unterwarfen, zu wenig geachtet. Ich bin mir dieser Schuld heute schmerzlich bewusst. Und die Wucht des gegenwärtigen Widerstandes, auch die nicht zu überschätzende Basisbezogenheit dieses Widerstandes gegen das II. Vatikanum und seine Veränderungen haben sicher auch mit dieser damaligen Abdrängung und Verdrängung zu tun.

Krockauer: Das ist wieder eine bemerkenswert selbstkritische Einsicht.

Ja, wir haben vom II. Vatikanum anfangs etwas nicht gelernt, was zumindest implizit in der Freiheits- und Berufungstheologie des II. Vatikanums steckt, nämlich die Offenheit auch für nichtintegrierbare Pluralität. Ich habe vom II. Vatikanum gelernt, die Kirche in eine ganz bestimmte Richtung mitzugestalten. Aber ich habe es unterlassen, die Theologie des II. Vatikanums auch als Basis für die Pluralitätsfähigkeit jenen gegenüber zu verstehen, die genau mit dieser Richtung ihre Probleme haben, die vom II. Vatikanum psychisch oder glaubensmäßig überfallen wurden. Wir haben auf diese Gläubigen hin keine Pluralitätsfähigkeit geprobt. Im Nachhinein empfinde ich das wirklich als ein ganz großes Versagen.

Krockauer: Wie bezeichnest Du heute, was da geschehen ist? Ist das eine Form von ideologischem Überschuss oder war das eine Form von idealistischer Naivität?

Es war die Begeisterung, dass das, was wir tun, das Richtige ist, und dass Kirche jetzt so sein muss. Aber es war nicht gut, wie ich mit den »Anderen« umgegangen bin.

Bucher: Du hast von pastoralen Lernerfahrungen und Situationen gesprochen, zum Beispiel Hausbesuchen, Familien- oder Ehevorbereitungsgesprächen, bei denen Du gespürt hast, dass Dein Impuls »Ich komme jetzt und geh vor allem über die Predigt an die Menschen ran« gebrochen wurde.

Da gibt es verschiedene Geschichten. Wir hatten ja den Slogan, den ich erst vor kurzem wieder in einer Kirche an der Schautafel gelesen habe: »Wer mitmacht, erlebt Gemeinde«. Das war damals die Gemeindesicht, um nicht zu sagen Gemeindeideologie. Aus heutiger Sicht hat das viel mit dem Wunsch nach sichtbarem Erfolg, vielleicht sogar mit Kontrollmacht zu tun: Wir möchten sehen, was hier abläuft. Noch schlimmer aber war die dahinterliegende Leistungsvorstellung: Wer *mitmacht* ...! Dahinter verbirgt sich eine macherische und darin auch gnadenlose Vorstellung von Gemeinde: Denn gehören die etwa nicht dazu, die nicht mitmachen, nicht mitmachen können? Wie steht es mit ihrem »Kircheerleben«, mit ihrem Kirchesein? Die Durchbrechung dieser Gemeindevorstellung erfolgte

bereits über die Hausbesuche. Im Pfarrgebiet St. Michael in Nürnberg befand sich auch das ehemalige Kommunistenviertel aus den 20er Jahren. Hier wohnten weitgehend Arbeiterfamilien. Ich kam in eine Familie, in der das Kind zur Erstkommunion gehen sollte. Im Wohnzimmer lag die Oma bettlägerig, pflegebedürftig. Und dann sagte der Vater: »Mit der Kirche haben wir nix zu tun.« Und fast im gleichen Atemzug erzählte er, wie sorgsam und voll Hingabe sie mit der Oma umgingen. Da ist mir klar geworden, *wo* Kirche ist: dass im Bereich der diakonischen Praxis, im Bereich dessen, wie Menschen miteinander umgehen und füreinander sorgen, die Kirche längst erlebbar gegenwärtig ist, noch bevor wir den Satz sagen »Wer mitmacht, erlebt Gemeinde«. Mit solchen Sprüchen sind wir selbst daran schuld, dass eine Familie wie diese ihr Handeln nicht mit der Kirche in Verbindung zu bringen vermag.
Das war für mich eine durchschlagende Erfahrung und blieb auch nicht die einzige, vor allem auch in der Kinderpastoral: in den Vorbereitungen zur ersten Beichte und in den Kindergottesdiensten, und dass in dem, was die Kinder ungeschützt erzählen, eine ganze Theologie zu Hause ist, die ich bisher überhaupt nicht gekannt hatte.

Bucher: Deren Kern ist? Deren Färbung ist?

Deren Färbung eine ganz eigenartige Spannung ist: mit Gott ganz nah umzugehen, aber gleichzeitig mit großem Staunen. Sie kennen auch die Erfahrung, dass nicht alles in der Nähe aufgeht: wenn sie Gott und die Menschen, darunter mich selbst, nicht verstehen. Von den Kindern habe ich immer wieder Neues gehört, auch, dass es die Mühe lohnt, »einfach« und zugleich tiefgehend vom Glauben zu sprechen. Das war dann auch in der Jugendpastoral so: dass das Erste und das Entscheidende nicht ist, meine Ideen zu verbreiten, sondern dass ich hinhöre und dass wir gemeinsam eine Kinder-und-Jugend-Theologie entdecken. Ähnliches galt für andere Bereiche der Gemeinde. Das hatte ich im Studium noch nicht in dieser Weise kennengelernt, sondern erst in der Pastoral.

Bucher: Deine eigene Theologie wichtig zu nehmen, die forderte, die implizite oder explizite Theologie der Menschen, mit denen Du zu tun hattest, wichtig zu nehmen?

Ja. Zunächst war das Studium der Versuch, innerhalb der Theologie »groß« zu werden. Die Zeit der Pastoral war dann die Erfahrung, jetzt wieder – im guten Sinn des Wortes – »klein« zu werden, zu hören, was der Geist den Gemeinden sagt, in der Pfarrei in Nürnberg, später in Bamberg, in der Studentengemeinde. Im Studium hatte ich diesen Bezug konzeptionell im Kopf, aber das muss man ja auch erst leben und erleben.

Bucher: Das führt zu einem grundlegenden Problem von Theologietreiben: Man muss auf sich selber vertrauen, wenn man Theologie treibt, sonst hat man nicht den Mut in die Theorie, in die Konfrontation, in die Öffentlichkeit zu gehen. Gleichzeitig weiß man, dass das nicht reicht, nur bei sich und der eigenen Überzeugung zu bleiben. Man muss theoretisch und auch faktisch durchsetzungsstark sein, wie die 68er, denn sonst stürzen keine Mauern. Auf der anderen Seite gibt es auch die Gefahr, zur Variante des Gegners zu werden. Wie gehst Du mit dieser Spannung um?

Das ist für mich eine zunehmende Spannung: mit aller Heftigkeit meine Position deutlich zu machen, die mir wichtig ist um der Solidarität mit benachteiligten Menschen willen, auch wegen der verpassten Chancen der Kirche, das Evangelium darzustellen. Aber gleichzeitig das Vorzeichen des eschatologischen Vorbehalts zu setzen, dessen also, wie Gott das alles einmal im Gericht sehen wird. Ob es wirklich wahr ist, was ich sage, habe ich nicht in der Hand, es ist ein Hoffnungsaspekt, aber kein Statusaspekt. Das lerne ich zunehmend, aber es ist auch wichtig, dass es nicht die eigene Position aufweicht. Das Vorzeichen der Begrenztheit, auch durch die eigene Biographie, ist mitzuliefern und mitzuformulieren, damit auch andere Raum bekommen, Ähnliches tun können, und zwar anders.

Krockauer: Das scheint ein wichtiger Aspekt zu sein, um der Pluralitätsfähigkeit willen auch sich selbst gegenüber kritisch zu sein und nicht in die Falle zu tappen, sich im Besitz der alleingültigen Wahrheit zu wissen. Ohne die eigene Position aufzuweichen, das heißt, die Klarheit der eigenen Position beizubehalten, aber mitzudenken, dass es durchaus legitim ist und gleichzeitig real ist, dass es gegebenenfalls auch keine mehrheitsfähige Position sein kann, die man mitbestimmt.

Ja. Das ist der Unterschied zwischen Götzen- und Gottesdienst: nicht selbst das letztgültige Wort zu haben, sondern es Gott zu überlassen. Letztlich muss ich es offenlassen, bei gleichzeitigem Kampf für meine Position, ob nicht Gott irgendwann einmal am Ende sagen wird: »Du hast die falsche Position gehabt und das andere wäre das Richtigere gewesen.« Und gleichzeitig darf ich hoffen, dass ich nicht ganz falsch liege.

Krockauer: Ich finde das insofern wichtig, weil ich bei Dir auch mehrfach diese »geläuterte Position« festgestellt habe. Es gibt in einem Deiner Aufsätze über die Hinwendung zu einer systemtheoretisch orientierten Praktischen Theologie[7] den notwendigen Dreischritt: Von »Ich will die Welt verändern« über »Es ist ja doch nichts zu ändern« hin zum dritten Schritt: »Ich kann einen einzelnen Punkt verändern, unter bestimmten Voraussetzungen.« Im Grunde scheinst Du selbst auch diese Schritte in Deiner Biographie vollzogen zu haben: Von »Ich möchte Gesellschaft und Kirche verändern« über »Es ist ja so und so nichts zu ändern« zur dritten, »geläuterten« Position: die Klarheit der eigenen Position bei gleichzeitiger Anerkennung der Pluralitätsfähigkeit der möglichen Positionen.

Das ist biographisch ein Dauerproblem, an dem ich knabbere, dass ich das, was ich inhaltlich vertreten habe, biographisch zu wenig eingelöst habe: diese radikale Pluralitätsfähigkeit, die ja schöpfungs- und erlösungstheologisch alles, auch das Andere, den Gegner umfasst. Da haben wir noch viel zu wenig soziale Erfahrungen dieser vom Glauben ermöglichten und geforderten Offenheit: wie dies im Umgang miteinander aussehen könnte. Die Einheit der Kirche umfasst nicht nur Gleich-, sondern auch Andersgesinnte.

Bucher: Aus meiner Erfahrung mit Dir in der Studierendenbegleitung kann ich sagen: Das war etwas, was Dich ausgezeichnet hat: Du hast die Legitimität eines eigenen

theologischen Weges der studierenden Theologinnen und Theologen immer anerkannt. Das war erlebbar.
Krockauer: Von Anfang an.
Bucher: Das war der Unterschied. Proklamiert wurde es woanders auch, aber erlebbar war es bei Dir. Außerdem verbinde ich mit Dir die Erfahrung, dass Du der erste offizielle Vertreter von Kirche warst, der die intellektuellen Aufbrüche der Studierenden nicht eingedämmt, sondern noch einmal dynamisiert hat. Während ich bei anderen im kirchlichen Studienbegleitungsbereich oft den Eindruck hatte, dass sie diese Aufbruchsprozesse eher wieder einfangen wollten auf irgendwelchen guten und schönen Wegen. Was hat Dir das ermöglicht?

Zwei Dinge fallen mir jetzt unmittelbar ein: Das ist einmal die Jugendarbeit in der Gemeinde. Das war für mich ein wichtiger Lernort. Das waren junge Menschen, die sich mit ihrer eigenen Wirklichkeit zum Zug brachten. Das Zweite war dann die Erfahrung des Weiterstudiums von Nürnberg aus in Würzburg, die Erfahrung mit meinem Lehrer Rolf Zerfaß.[8] Wie sensibel er seine Doktorandenkolloquien gestaltet hat, wie er jedem die Stimme darin gegeben hat, das war für mich eine beeindruckende Erfahrung. Ich weiß noch, wie er ganz wachsam war, dass jeder zu Wort gekommen ist. Da habe ich viel gelernt. In dieser Zeit habe ich dann auch das wahrgenommen, was man in unserer Generation in den 70er Jahren an Fortbildungskursen so hinter sich gebracht hat: Gruppendynamikkurse und TZI-Kurse, auch das theologische Kontaktstudium von Paul Hoffmann und Volker Eid in Bamberg. Meine Kaplanszeit war voll mit solchen Weiterbildungen. Das alles zusammen hat die Bereitschaft für diese Dimension der Pastoral gestärkt.

Bucher: Wie siehst Du heute den Zusammenhang von strukturierter Fortbildung und persönlicher, vielleicht sogar geistlich-pastoraler Entwicklung? Wie siehst Du den Zusammenhang zwischen der Unverfügbarkeit und der Planbarkeit solcher Lernprozesse?

Es ist wichtig, dass man sich solchen Prozessen stellt. Ich habe alle meine Fortbildungen selber ausgesucht. Nicht selten bin ich verunsichert nach Hause gekommen, aber das waren dann eigene Erfahrungen. Es gab damals noch keine geprägte Fortbildungsstruktur. Deren gute Wirkung läge darin, entsprechend Fantasie anzuregen und herauszufordern.

Krockauer: Bei alledem gibt es früh den Hang zur martyria: etwas vermitteln zu wollen, ausdrücken zu wollen, in die Sprache bringen zu wollen. Deine Sensibilität für die diakonia bleibt im Hintergrund. Es ist mir früh an Dir aufgefallen, dass es da innerhalb des Studiums einen Englandaufenthalt gab, in einem Behindertenheim. Ungewöhnlich für einen Priester, der sich neben Marcuse-Lesen und Rahner-Studieren in einer Auszeit der Diakonie aussetzt. Worum ging es da, aus der heutigen Sicht?

Ja, im Frühjahr 1969 war ich ein paar Monate in einem Zentrum für spastisch beeinträchtigte Menschen in Buxton in Mittelengland, ausgeweitete Semesterferien sozusagen, das konnten wir uns damals noch, weit weg von Modularisierungszwängen, erlauben. Ich hatte ja schon nach dem Abitur in der Abteilung, wo mein Vater Krankenpfleger war, ein Pflegepraktikum gemacht. Gewissermaßen in der Nachfolge dieses Praktikums habe ich mich für diesen Pflegedienst in England interessiert und beworben. Diese Art von Diakonie war mir nie ferne, schon von meinem Vater her, der mich als Kind oft ins eigene kleine Schwimmbad der Heil- und Pflegeanstalt mitgenommen hat, auch zu den Sommerfesten, die mein Vater viele Jahre ausgerichtet hat. Der Anblick von und der Umgang mit sogenannten »geisteskranken« Menschen war für mich nichts Außergewöhnliches.

Trotzdem ist richtig: Eine thematische Verbindung dieses Teiles meiner Biographie mit der Theologie gab es anfangs nicht. Und es ist auch richtig, dass meine Kaplanszeit weitgehend verkündigungsorientiert war, sicher in entsprechenden Begegnungen, die hoffentlich auch diakonische Qualität hatten, also den Menschen eine Hilfe waren. Und da das Obdachlosenheim im Pfarrgebiet lag, hatten wir auch viel mit obdachlosen Menschen zu tun. Aber auch hier mehr für den Bereich der Verkündigung. Ich erinnere mich, dass ich mir manchmal Zeit nahm für Gespräche mit obdachlosen Menschen, die nicht selten auch im Pfarrhaus mit uns aßen. Und wie mir dabei aufging: das eine oder andere, was man erzählt bekommen hat, müsste eigentlich in der Predigt vorkommen, die Erfahrungen der Ausgrenzung und der Erniedrigung, ebenso die Art und Weise, wie sie trotz schlimmer Erfahrungen noch in das Leben und in Gott Vertrauen setzen. Die Diakonie war praktisch vorhanden, wie etwa auch im Wohnviertelapostolat, in der Sorge, dass ganz bestimmte Familien, denen es schlecht ging, Hilfe bekamen.

Trotzdem bleibt richtig: Die Diakonie lief mit der Seelsorge und mit der Gemeindearbeit einfach so mit, hatte aber keine programmatische Bedeutung in meiner Theologie und Spiritualität. Man muss sich ja auch vorstellen, dass ich in meinem eigenen Theologiestudium fast nie etwas von diesem Bereich der Kirche gehört oder gesehen habe. Im Diakonatsjahr hatten wir lediglich einmal den Caritasdirektor zu Gast.

Auch als es darum ging, ein Thema für die Promotion auszusuchen, habe ich im ersten Gespräch mit Rolf Zerfaß mein Anliegen etwa so formuliert: Ich möchte zu der Frage arbeiten, wie in der Verkündigung, vor allem in der Predigt, das Evangelium so ausgelegt werden kann, dass es bei den Hörern und Hörerinnen Bedeutung gewinnt. Zerfaß hat mich dann gleich erst einmal in das humanwissenschaftliche Außen dieser Fragestellung hineingetrieben und mich auf die Lektüre von Eike von Savigny, »Philosophie der normalen Sprache«, gehetzt. Da habe ich dann schnell begriffen, was es heißt, in der praktischen Theologie eine wissenschaftliche Arbeit zu schreiben, nämlich das theologische Sprachspiel erst einmal zu verlassen, um dann in neuer Weise auf das eigene Erkenntnisinteresse wieder zurückzukommen.

Aber zurück zur Diakonie. Wann wurde sie zum Thema? Ich weiß dies ziemlich genau, wann die Frage nach der programmatischen Bedeutung der Diakonie aufbrach: nämlich im Zusammenhang mit der Arbeit in der Studentengemeinde in Bamberg. Da kam das Problem auf: Wie verhalten sich die sozialengagierten Arbeitsgruppen zu den glaubensorientierten Gruppen und Initiativen, etwa zu den Meditationskreisen der Gemeinde? Die jeweiligen Gruppen waren zueinander völlig disparat, sowohl von den Leuten her wie auch von den Einstellungen her. Wir hatten einen Psychiatriearbeitskreis mit Studierenden, die wenig bis nichts mit dem Glauben zu tun hatten. Um der Einheit der Gemeinde willen mussten wir darüber sprechen: Wie gehören beide »Hälften« im Gesamt der Gemeinde zusammen? Da habe ich das erste Mal konzeptionell über das Verhältnis von Diakonie und Verkündigung nachgedacht. Das war nach 1977.

Krockauer: Im Grunde ist das in Deiner theologischen Reflexion ein Nachzügler.

Ja, das ist ein Nachzügler.

Krockauer: Aber diakonische Erfahrungen, die gab es ja vorher schon?

Ja, aber ich habe ihnen noch keine eigene theologische Würde zugestanden.

Krockauer: Und diese Englandgeschichte?

Das war nicht so, dass ich diese Erfahrung thematisch mit meinem Theologiestudium verbunden hätte. Es hatte vielmehr die angesprochenen biographischen Hintergründe. Es gab auch Zeiten, sogar kurz vor dem Abitur, wo ich überlegt habe, ob ich nicht Medizin studiere. Dieser Hintergrund hat mich weiter begleitet. Darin waren es dann schon wichtige Erfahrungen, auch interkultureller Art, die sicher manches von dem grundgelegt haben, was ich später als Theologie der Diakonie entwickelt habe.

Bucher: Dein Weg führte in der Kaplanszeit zu einer Promotion mit einem homiletischen Thema, erstellt bei Rolf Zerfaß neben der pastoralen Tätigkeit in Nürnberg. Woher kam der Impuls zur Promotion?

Ich hatte ein gutes Examen gemacht und der Regens hatte dann gesagt, dass ich nach einiger Kaplanszeit für ein Weiterstudium freigestellt werden könnte. Das war zunächst nicht in meinem Horizont. Ich hätte mich damals eher für die Krankenhausseelsorge entschieden. Nach drei Jahren Seelsorger ist dann doch der Wunsch gewachsen, im Verkündigungsbereich wissenschaftlich noch einmal genauer hinzuschauen. Meine Mutter hat dieses Vorhaben so kommentiert, wie ich es drei Jahre vorher auch gesehen hatte: Was willst du denn *noch* studieren, ich denke, du hast jetzt endlich »ausstudiert«. Dass man ein Leben lang studieren kann und dafür, gewissermaßen ohne eigentlich »richtig« als Priester in der Pfarrei zu arbeiten, auch noch Geld bekommt, war für sie lange etwas seltsam.

Bucher: Aber warum dann doch keine Freistellung? Du hast ja berufsbegleitend promoviert.

Weil ich keine bekommen habe. Erzbischof Joseph Schneider, das war mein damaliger Bischof, hat gesagt: »Aha, Sie wollen in Pastoraltheologie promovieren. Na, da brauchen Sie keine Freistellung, in diesem Fach kann man das ja nebenbei.« Das werde ich nie vergessen.

Krockauer: Es ist ja nur die Pastoraltheologie, könnte man meinen.

Das ist interessant, nicht? Während andere Mitbrüder Jahre, fast bis zu einem Jahrzehnt freigestellt wurden. So haben wir dann ausgehandelt, dass ich keinen Religionsunterricht halten musste, das war eine große Entlastung, ich hatte 14–17 Stunden als Kaplan. Dazu kam die Solidarität meines Pfarrers und meines Mitkaplans, die alles mitgetragen haben. Auch die Jugendarbeit habe ich weitergemacht, und auch sonst lief vieles weiter. Ich hatte Montag und Dienstag, nicht immer, aber oft, um nach Würzburg zu fahren.

Bucher: Da bist Du an die Universität zurückgekommen, wenn auch nur Teilzeit sozusagen, nach einigen Jahren der pastoralen Praxis. Wie hast Du die Universität erlebt?

Ich war in der Bibliothek und bei Zerfaß am Lehrstuhl, die Universität als solche und auch die Fakultät habe ich da nicht sehr erlebt. Es sei denn über die Studierenden im Würzburger Priesterseminar, wo ich im 3. Stock, wo noch andere Doktoranden wohnten und der deshalb von den Studenten »Altersheim« genannt wurde, ein Zimmer hatte. Das Studium selbst habe ich als Raum der Freiheit erlebt, als Abenteuer des Denkens und Forschens, vor allem im spannenden Verhältnis von Predigtkunde und Sprachwissenschaft.[9]

5. 1977: Hochschulpastoral und Mentorat

Bucher: 1977 hast Du promoviert, bist nach Bamberg zurück und Hochschulseelsorger geworden. Wie hat sich für Dich das Besondere der Hochschulpastoral dargestellt?

Diese Zeit als Studentenpfarrer und als Mentor oder Ausbildungsleiter der Laientheologen und Laientheologinnen, diese knapp fünf Jahre waren mit die spannendsten, die kreativsten, mit die schönste Zeit in meinem Leben. Denn ich konnte mit jungen erwachsenen Menschen zusammen sein und zusammenarbeiten. Die Kombination Studentenpfarrer und Mentor der LaientheologInnen war auch sehr gut, heute würde man sagen, mit Synergieeffekt. Die Erfahrungen der Studentengemeinde, die Kreativität in der Liturgie, die Sensibilität, die es braucht, eine Gemeinde zusammenzuhalten, die sich aus disparaten Gruppierungen zusammensetzt, all das war ein andauernder Aufbruch von neuen Möglichkeiten und Gedanken. Und dann die Chance von Anfang an, eine an Freiheit und gemeinsam verantworteter inhaltlicher Bindung orientierte Studienbegleitung aufzubauen, wo die besten Ideen immer von den Theologiestudierenden selbst kamen. Das war einfach frappierend. Ja, das war eine starke, vitale Zeit, auch für viele, die dabei waren, glaube ich.

Bucher: Noch einmal die Frage nach den Bedingungen der Möglichkeit so einer intensiven Zeit. Man sagt dann oft sehr schnell: Das waren halt bestimmte Konstellationen perso-

neller und institutioneller Art. Was braucht es, dass so eine intensive gemeinsame Zeit zustande kommt?

Deine Fragen zielen, wenn ich recht verstehe, darauf hin: Wie ist reproduzierbar, was gewesen ist, indem man versucht, Regeln zu entdecken, die es unter anderen Umständen wieder ermöglichen, so etwas aufzubauen.

Bucher: Auf welcher Ebene müssen diese Regeln liegen?

Zum einen: Du musst Zeit haben für die Menschen, aber auch so, dass man mit der eigenen Zeit haushälterisch umgeht. Ein Gespräch zum Beispiel, das über eine Stunde geht, bringt über die Stunde hinaus nicht mehr viel. Es geht um Begrenzung der Zeit und die zuverlässige Möglichkeit des Wiederzusammenkommens. Die Leute wussten: Aha, er hat Zeit für mich, und ich kann wiederkommen. Aber diese Zeit braucht eine Struktur. Das war für mich entlastend und auch für die Leute.
Zweitens: Eine Kultur aufzubauen, in der die Menschen zu Wort kommen. Ich habe oft darunter gelitten, dass es dann doch immer wieder welche gab, wo ich mich fragte: Warum sagt er oder sie jetzt in den zwei Stunden, die wir in einer überschaubaren Gruppe zusammen sind und diskutieren, kein einziges Wort? Ich war ja auch lange Zeit so ein Typ, dem erst zu spät eingefallen ist, was man hätte sagen können. Es ging nicht um Rededruck, sondern um die Atmosphäre einer Wachheit, die sich dann auch auf andere überträgt: Wie kommen auch die anderen zu Wort? Kommen sie nicht nur privat ins Gespräch, sondern auch in Entscheidungsgremien?
Und drittens: Möglichst niemanden auszuschließen. Kon-

kret heißt das zum Beispiel, dass wir im Gemeinderat darum gerungen haben, inwiefern es wichtig ist, dass auch die zu unserer Gemeinde gehören, die nicht in den Gottesdienst gehen, aber jetzt zu alten Menschen gehen und sie versorgen. Diese Jahre waren hoch generativ für vieles, was ich danach in der Theologie denken durfte.

Bucher: Das Prinzip des Nichtausschließens ist ja später auch ein Schlüsselbegriff geworden für die Interpretation der Pastoralkonstitution »Gaudium et spes«. Welchen Zusammenhang gibt es zwischen geistlicher Entwicklung und dem Prinzip des »Nichtausschließens«? Denn klassisch ist die Studienbegleitung orientiert an einer geistlichen Entwicklung der Studierenden als Vorbereitung auf den pastoralen Dienst. Wie siehst Du die jetzige Situation der Ausbildung der Theologiestudierenden?

Auf der einen Seite haben wir es geschafft, an den Katholischen Theologischen Fakultäten Studierende quer durch viele Berufsmotivationen zu haben. Das ist übrigens ein Unterschied zu den evangelischen Fakultäten, die immer noch zum größten Teil Studierende haben, die Pfarrer oder Pfarrerinnen werden wollen. Wir haben einen Sprung geschafft, wenn auch zum Teil durch die Zulassungsbedingungen zum Weiheamt aufgezwungen, insofern wir Theologiestudierende an unseren Fakultäten haben, die in verschiedene berufliche Bereiche hineinkommen, zunehmend auch nicht in den pastoralen Dienst gehen, die erst einmal Theologie studieren, weil es sie interessiert. Von den Geisteswissenschaftlern haben Theologiestudierende nicht die schlechtesten Berufschancen, in den Medien, in der Wohlfahrt, im Personalmanagement der Konzerne, in der

Kommunikationspflege von Betrieben, wo sie etwa zuständig sind für das Verständnis der Religionen zueinander. Wir haben diese Entwicklung an den Fakultäten, aber wir haben eine gegenläufige Entwicklung in den diözesanen Mentoraten. Sie konzentrieren sich auf die BewerberInnen pastoraler Dienste. Hier geschieht, was Du gerade formuliert hast: die Unterstützung der geistlichen Entwicklung dieses Klientels. Das ist gut so.
Zugleich habe ich da meine Probleme, weil das zum Ausschluss jener Theologen und Theologinnen führt, die auch eine pastorale Aufgabe im weiteren Sinn des Wortes – nach der Pastoralkonstitution des Zweiten Vatikanums – haben, wenn sie als Theologen und Theologinnen in nicht-kirchlichen Bereichen arbeiten. Warum gehören sie nicht zu einer offenen kirchlichen Studienbegleitung? Diese Entwicklung halte ich für problematisch, vor allem verbunden mit einer manchmal wahrnehmbaren Ideologisierung, insofern nur die Besten in den pastoralen Dienst kommen sollen, die mit den besten Noten und mit dem gesündesten Auftreten. Das ist nicht identisch mit jenen, die womöglich die beste bzw. notwendige Pastoral machen. Siegerorientierte Auswahlkriterien sind theologisch problematisch. Die Kraft der Berufung kann sich auch in der Schwäche und im Brüchigen zeigen. Der junge Mensch, der später Pfarrer von Ars wurde, hätte heute wohl kaum eine Chance, in den pastoralen Dienst zu kommen.

Bucher: Du hast das Stichwort genannt: »offene Studienbegleitung«. Was verstehst Du darunter?

Das zentrale Prinzip einer offenen Studienbegleitung ist, dass sich die Kirche für alle jungen Menschen, die Theologie studieren, verausgabt, bei gleichzeitiger Offenheit, was dabei spirituell und beruflich herauskommt; wenn die Kirche Theologinnen und Theologen, die nicht in den kirchlichen Dienst gehen, genauso achtet wie die anderen und wenn sie Räume bereitstellt, in denen sich in dem Miteinander dieser verschiedenen jungen Leute eine je eigene Spiritualität entwickelt; wenn also gerade nicht gilt, dass diejenigen, die in kirchliche Berufe gehen, eine Spiritualität entwickeln müssen, die als im Ergebnis schon fertiges Curriculum erlebt wird. Das wäre ein Integrationsunternehmen und nicht eine offene Entwicklung, die dem Heiligen Geist auf der Basis aller Studierenden eine Chance gäbe.

Krockauer: Das betrifft den Umgang mit den jetzigen Studierenden. Und im Rückblick auf mehrere Jahrzehnte der Existenz von sogenannten Laientheologen betrifft das auch den Umgang mit denen, die in anderen Berufsfeldern gelandet sind. Denn vermutlich sind viele derjenigen, die Theologie studiert haben, nicht oder nicht mehr im engeren Sinn im pastoralen Dienst tätig.

Ja, es wäre wichtig, hier Kontakte aufzubauen und das Bewusstsein zu stärken, dass von der Theologie des II. Vatikanums her alles, was Christen und Christinnen in Zusammenhang ihres eigenen Glaubens, hier auch ihrer theologischen Identität, tun, wo immer sie sind, pastorales Handeln ist. Es gibt da eine Analogie zu den Arbeiterpriestern, Priester also, die im nichtkirchlichen Bereich – von der Betriebs- bis in die Sozialarbeit – pastoral handeln.

Krockauer: Das könnte eine unentdeckte Ressource sein.

Ja, das ist richtig. Wir haben eine breite Basis pastoraler Wirkung außerhalb der soziologischen Kirchenstruktur. Wir bräuchten nur Wege, die darin Tätigen zu hören und ihre Erfahrungen für andere pastorale Felder in- und außerhalb der Kirche fruchtbar werden zu lassen. Wer fragt zum Beispiel die vielen Priester, die aufgrund ihrer Heirat ihren Dienst verlassen mussten, aber gleichwohl nun in anderen Berufen nicht einfach ihre theologische Kompetenz und ihre pastorale Identität abgelegt haben? Ich kennen viele, die weiterhin auf ihre Weise priesterlich, zum Beispiel in den Wohlfahrtsverbänden, und in ihrem überberuflichen Engagement pastoral tätig sind.

Bucher: Ähnlich wie bei den Studierenden würde das bedeuten, dass man mit den ausgebildeten Theologinnen und Theologen, die eine nicht-kirchliche Anstellung gewählt haben, auch umgehen kann und an ihnen interessiert bleibt. Das ist nicht selbstverständlich.

Krockauer: Ohne sie im Nachhinein zu vereinnahmen?

Die Herausforderung liegt ja tatsächlich darin, wie man mit Menschen umgeht, die nicht gleichzeitig in einem wenn auch noch so gut gemeinten – und darin aber immer auch ambivalenten – Abhängigkeits- und Bedingungsverhältnis stehen. Auf Theologen und Theologinnen, die nicht in kirchlichen Institutionen arbeiten, hat man keinen kontrollierenden Zugriff und schon gar keine Sanktionsmacht. Der Umgang mit der Freiheit der Theologie stellt sich im Umgang mit im strukturellen Sinn freien Theologen und Theologinnen noch einmal neu dar.

Krockauer: Du warst damals Hochschulseelsorger, bist heute Hochschullehrer und Seelsorger. Ist das eine treffende Zuschreibung? Wie geht das in der Kombination? Ist das ein produktives Verhältnis?

Ich habe die Seelsorge, auch vom Priestersein her, auch als Professor nie verabschiedet, das war und ist etwas, was, zeitlich natürlich begrenzt, mit geschehen ist, z. B. in vielen Sonntagsaushilfen und Seelsorgebegleitungen, jetzt vor allem, von Lichtfels aus, in Ebensfeld. Ich war von Bamberg aus viele Jahre kommissarischer Studentenpfarrer in der Studentengemeinde in Erlangen. Ich hatte dort die Sonntagsgottesdienste inklusive Predigtnachbesprechung mit den Studierenden. Das war auch für meine Theologie wichtig. Umgekehrt war es nicht mühsam, die Gottesdienste vorzubereiten, weil ich vom Reichtum des Studierens und Forschens her einen privilegierten Zugang hatte.

Krockauer: Eine Schlüsselfrage ist ja immer die Frage nach der Anwendungsorientierung der Theologie. Dieser Praxisbezug hat Dir natürlich auch erleichtert, Themen zu generieren?

Ja, da gab und gibt es viele Übergänge zwischen priesterlicher Pastoral und wissenschaftlicher Theologie. Was mich in diesem Zusammenhang auch beschäftigt, ist, ob und inwieweit ich auch *als* wissenschaftlicher Theologe Priester war und bin. Vielleicht darin, dass ich keine Theologie vertreten könnte, die nicht auch spirituelle Dimensionen hat. Aber auch darin, gerade als Priester möglichst ehrlich die Prämissen meiner Theologie zu benennen, möglichst intensiv zu argumentieren und von Optionen auszugehen, die am Heil der Menschen und an der Gnade Gottes orientiert sind.

Bucher: 1977 wurdest Du promoviert, warst Hochschulseelsorger und Mentor. Wann zeichnete sich das Ziel Hochschulprofessur ab und warum?

Das war reiner Zufall. Ich hatte es nicht vor und hatte mich nie in dieser Kategorie gesehen. Ich war völlig überrascht, als ich als promovierter 33-Jähriger einen Ruf nach Eichstätt bekam, auf den Lehrstuhl für Religionspädagogik. Überrascht war aber nicht nur ich. Mein damaliger Bischof, Elmar Maria Kredel, hat es mir aber – trotz des Besuchs einer Abordnung aus Eichstätt – verboten, nach Eichstätt zu gehen, mit der Begründung, dass man ohne die bischöfliche Erlaubnis zur Habilitation auch kein Recht habe, die Diözese und die Pastoral zu verlassen. Später, nach meinem Gehorsamsakt, bekam ich die Erlaubnis, ohne Freistellung zu habilitieren.

Bucher: Als Thema hast Du Dir die »Klage« gesucht. Wenn ich recht weiß, sollte das, was dann als ein dickes Buch erschien,[10] nur der erste Teil einer…

… größeren, aber dann doch nicht durchgeführten Forschungsanlage sein. Die Läufe des Lebens haben diese Planung überrollt. Anderes schien wichtiger. Und Zeit und Ressourcen sind begrenzt.

Bucher: Diese Themenwahl ist natürlich nicht selbstverständlich: Klage, Anklage als Thema christlicher Existenz. Methodisch ist die Arbeit sehr stark exegetisch, die Grund-

anlage aber geht in Richtung der Wiederentdeckung einer spirituellen Grundhaltung und Grundgeste. Welche Themen man sich wählt, sagt mit am meisten über einen Wissenschaftler aus. Warum dieses Thema?

Eigentlich wollte ich über das Gebet insgesamt schreiben, über die vier biblischen Gebetsformen. Dann ist mir aufgegangen, dass so ein Projekt viel zu groß ist und dass es eine Gebetsform in der Bibel gibt, die heute eher als Hadern und Blasphemie kriminalisiert ist: das Gebet der Klage. Da gab es ein Forschungsdefizit in der Theologie und ein Wirklichkeitsdefizit in der Spiritualität. Das war auch verbunden mit der Grundhaltung, Leiden wahrzunehmen und nicht zu verdrängen. Die Klage ist ja jene Spiritualität, die auf dem Hintergrund der Opfer Wirklichkeit sieht und gegen Gott ins Spiel bringt, die Gott also zur Verantwortung zieht, weil er das alles zulässt und nicht eingreift.

Krockauer: Parallel zu Arbeiten im Bereich der Spiritualität kam ja die Wiederentdeckung der Diakonie. Wie siehst Du den Zusammenhang von Spiritualität und Diakonie? Es ist ja eine These von Dir, dass sich über die Diakonie so etwas wie eine befreiende Theologie hierzulande realisiert.

Das war ein paar Jahre später. Der Zusammenhang ist biographisch zunächst loser, als es im Nachhinein ausschaut. Es waren unterschiedliche Zugänge. Der Zugang zur Spiritualität der Klage war schon bezogen auf die Orientierung an leidenden Menschen, und zwar mit der Frage: Welche Rolle spielt in diesem Zusammenhang Gott? – ohne das Leiden der Menschen zu missachten. Diese Grundfrage zielte aber noch nicht direkt auf die Diakonie als eigenen pastoralen Selbstvollzug der Kirche. Ging es in der Klagespiritualität um Gottes Verantwortung, so geht es in der Diakonie um die Verantwortung der ChristInnen für leidende Menschen.

Bucher: Es fällt auf, dass Deine wissenschaftlichen Qualifikationsarbeiten im engeren Sinn im Bereich der theologischen Spiritualität liegen. Andererseits beziehen sich viele Deiner Aufsätze sehr kritisch auf konkrete Missstände der Kirche. Wenn so etwas gleichzeitig anzutreffen ist, eine starke kirchenpolitische Option und eine intensive wissenschaftliche Beschäftigung mit Themen der geistlichen Tradition, dann muss es doch einen gewissen Zusammenhang geben.

Was beides verbindet, ist die Grundsehnsucht nach Freiheit. Wie ich die Theologie als Art der Freiheit in der Rede von Gott erfahren habe, das wollte ich nun im Zusammenhang der Rede zu Gott, der Gottesbeziehung einholen: dass der Mensch vor Gott ein freier Mensch ist, der das Recht hat, gegen ihn zu klagen, und sich nicht unterwerfen muss. Dass das kein faschistisches Unternehmen ist, diese Beziehung zwischen Gott und Mensch, das verbindet zunächst Theologie und Spiritualität. So habe ich mich in der Wissenschaft mit dieser biblischen – wenn auch noch wenig kirchlichen – geistlichen Tradition beschäftigt. Dahinter steht auch, wie Du sagst, eine kirchenpolitische Option, nämlich wo die Klage gegen Gott nicht zugelassen wird, wird der Widerspruch auch nicht in den sozialen Zusammenhängen zugelassen – und umgekehrt. Es gibt also einen Zusammenhang zwischen dem Verlust des Klagegebetes, übrigens in beiden Kirchen, und einer »Von-obennach-unten-Konstellation« mit Widerspruchsverbot in den Kirchen.

Hier muss ich an die jungen Menschen denken, die durch Priester in kirchlichen Einrichtungen Opfer von Gewalt und sexuellem Missbrauch wurden: Dass sie geschwiegen haben, dass sie sich nicht widersetzen konnten, hat zumindest auch damit zu tun, dass Widerspruch von vorneherein nicht vorgesehen war und dass es überhaupt keine Atmosphäre und Mentalität dafür gab. Wo menschliche Nähe, die Vertrauen unterstellt, und ungefragte autoritäre Machtausübung derart zusammenkommen, hat Aufbegehren keine Luft zum Atmen. Abgesehen einmal davon, dass über Sexualität zu sprechen ohnehin tabuisiert war – und ist.

6. 1981: Wissenschaft und Pastoral

Bucher: 1981 hast Du dann den Ruf nach Bamberg angenommen. Für Praktische Theologen ist die Universität ein ambivalenter Ort: Einerseits ein Ort der Freiheit, der Ressourcen, der Repräsentanz. Andererseits gilt: Wer Praktische Theologie macht, der hat auch eine bestimmte Liebe zu den konkreten pastoralen Orten, die er mit dem Wechsel an die Universität verlässt, zu denen er sich dann in ein neues Verhältnis setzen muss. Mit welchem Konzept hast Du Deine Professur in Bamberg angetreten?

Das ging ja ziemlich schnell, und es war noch im Habilitationsverfahren, als ich im Sommer 1981 den Ruf nach Bamberg bekam. Der Übergang war allerdings fließend, bis ich als Studentenpfarrer abgelöst wurde. Ausbildungsleiter für die LaientheologInnen blieb ich bis 1988. Schon bald kam aber Anne Kurlemann für die Arbeit im Mentorat. Was die Arbeit in der Universität anbelangt, so hatte ich kein zusammenhängendes Konzept, aber ich hatte ein Vorbild: Ich wollte so lehren und forschen und so mit Studierenden umgehen, wie ich dies bei meinem Doktor- und Habilitationsvater Rolf Zerfaß wahrgenommen hatte: genau in der Forschung, kreativ im Weiterdenken und anerkennend mit den Studierenden, was bedeutet, dass sie selbst zu Wort kommen können und dass ich ihnen viel zutraue. Ich habe mich sehr darauf gefreut, Veranstaltungen mit Studierenden jetzt im Bereich der Universität abzuhalten, Themen mit ihnen zu erarbeiten, neue Themen in der Vorlesung anzubieten. Ich war der Erste in Bamberg, der im Sommer 1982 eine Spezialvorlesung über feministische Theologie gegeben hat. Ich konnte nun entfalten, was ich bisher immer nur nebenbei machen konnte: Wissenschaft. Ich habe bis zum heutigen Tag das Gefühl, hier sehr privilegiert zu sein; es ist ein großes Geschenk.

Mir ist dabei klar geworden, dass ich, abgesehen vom unerlässlichen Curriculum der Pastoraltheologie, die Themen zwar frei, aber nicht einfach beliebig auswählen kann, sondern danach zu fragen habe, was jetzt das Entscheidende, das Notwendige ist, dass meine Optionen also mitten hineinreichen in die Wissenschaft: was ich außerhalb der Universität wahrnehme, wohin ich mich zu Vorträgen und zur Zusammenarbeit einladen lasse und was ich dort an Dringlichkeit aufnehme. Mit der Aidsproblematik Anfang der 80er Jahre setzte eine scharfe Diskussion in der Kirche und auch im Caritasverband über die eigene theologische Identität zwischen Moral und Diakonie ein. So ging es mir auch mit anderen Themen und Herausforderungen, in der Diakonie wie auch in anderen Bereichen der Kirche. Dadurch begrenzt sich die Freiheit in unserem Fach, aber damit nimmt man auch die eigene Freiheit in einer verantwortlichen Weise wahr und konzentriert die Ressourcen des eigenen Faches auf ein ganz bestimmtes Problem. Dadurch schmilzt sich auch im Nachdenken aus den bisherigen Konzeptionen der Praktischen Theologie genau das aus, was in diesem Problem Bedeutung gewinnt. Anderes wird dann zweitrangig.

Bucher: Wie hast Du den Bezug des wissenschaftlichen Ortes Universität zu den konkreten pastoralen Orten erlebt und gestaltet? Es herrscht da einerseits ein fast prästabilisiertes Verhältnis, Theologie als Wissenschaft an der Universität gibt es seit 1000 Jahren, Praktische Theologie seit etwa 250 Jahren. Das wirkt unheimlich stabil, andererseits immer auch wieder prekär im Sinn einer Schablone von »Theorie und Praxis«, »abgehobener Wissenschaft versus konkrete Arbeit« etc. Wie bist Du das angegangen, diese Gleichzeitigkeit von thematischer Nähe und methodischer Distanz zur pastoralen Praxis?

Was unser zentrales wissenschaftliches Problem ist, nämlich das Verhältnis von Theorie und Praxis, ist tatsächlich zugleich ein Problem unserer eigenen Praxis in der Wissenschaft und darüber hinaus. Die Offenheit bzw. Anfälligkeit der Wissenschaft für außerwissenschaftliche Belange ist selbstverständlich für sich selber ambivalent, wie die relativ mühelose Gleichschaltung der deutschen Universitäten im Nationalsozialismus belegt. Dieses Beispiel zeigt genauso wie der Diskurs zum Verhältnis von Theorie und Praxis seit den 70er Jahren, dass dieses Verhältnis nicht ein affirmatives, sondern ein kritisches sein muss, was nicht ausschließt, dass aus der Kritik heraus auch Bestehendes bestätigt werden kann. Im kirchlichen Bereich habe ich manchmal den Wunsch gespürt, dass die wissenschaftliche Theologie doch lieber eine Hoftheologie im Dienst kirchenamtlicher Entscheidungen sein solle. Kritik wird dann übel genommen.
Diese Distanz darf aber nicht übersehen lassen, dass gerade von praktischen Feldern her oft mit Recht eine scharfe Kritik gegenüber der wissenschaftlichen Theologie angemeldet wird, zum Beispiel wenn sie sich selbstläuferhaft um die Belange der Praxis überhaupt nicht mehr kümmert und das, was Menschen auf den Nägeln brennt und wo sie an etwas leiden, als eine Einzelheit anschaut, die für den allgemeingültigen Diskurs zwar anregend oder störend,

aber nicht mitbestimmend sein kann. Praktisch sah dieser Zusammenhang bei mir so aus, dass ich zum Beispiel von Veranstaltungen im Caritasverband oder von Wochenenden bei Pfarrgemeinderäten mit einem Stapel von Notizen und Mitschriften heimgekehrt bin. Mit der Ahnung: Was dort gesagt wurde, sollte auch für meine Theologie Bedeutung gewinnen, auch um das, was gesagt wurde, im Bereich des wissenschaftlichen Diskurses stark zu machen.

Die Macht der Praktischen Theologie liegt dann nicht darin, selber Entscheidungsmacht in den praktischen Feldern zu beanspruchen, sondern sich in den entsprechenden Dienst der Beratung und der Unterstützung im theologisch-argumentativen Bereich zu stellen. Und wir können nichts dagegen tun, wenn unsere Beratung nicht ankommt oder ausgeschlagen wird. Diese Ohnmacht ist auszuhalten, auch wenn sie manchmal wütend macht. Aus dieser Erfahrung heraus war mir die Analyse von Elmar Klinger hinsichtlich der Theologie des II. Vatikanums unmittelbar einsichtig und eine hervorragende Möglichkeit, in der Praktischen Theologie den Zusammenhang zwischen Praxis und Theorie theologisch zu präzisieren, nämlich im Verhältnis von Pastoral und Dogma. Beide erschließen sich wirklich gegenseitig, auch wenn dieses Sich-Erschließen nicht selten Widersprüchlichkeit und manchmal auch persönlichen Schmerz bedeutet.[11]

An dieser Stelle ist es mir ein Bedürfnis, etwas ausführlicher von jenem systematischen Theologen zu sprechen, dem ich die entscheidende Annäherung an den systematischen Diskurs verdanke: Ich meine Elmar Klinger, auch ein Franke! Diese Annäherung geschah auf dem Hintergrund meiner erwartungsarmen Distanz zur Dogmatik, meiner Emanzipation von ihren neuscholastischen Erscheinungsformen, von der ja die ganze Pastoraltheologie seit den 50er Jahren geprägt war. Heute ist es für mich selbstverständlich, in Tübingen nicht nur mit den Exegeten, sondern auch mit den systematischen Theologen zusammenzuarbeiten. Letzteres hat vor allem mit Elmar Klinger begonnen. Von beiden theologischen Feldern bezieht die praktische Theologie die normativen Grundlagen, die aus der Vergangenheit kommen. Dabei darf der Begriff der Normativität nicht zuerst als moralischer oder religiöser Leistungsbegriff verstanden werden. Er beinhaltet im theologischen Bereich immer zuerst das Geschenk des Glaubens, seinen Zuspruch, seine Gabe, die die Erfüllung des damit gegebenen Anspruchs und der damit verbundenen Aufgaben und Verantwortungen ermöglichen.

Zuerst begegnete mir Klinger nur indirekt: und ich komme nochmals zurück auf meine Mentorenzeit. Im Mentorat für die Laientheologen und Laientheologinnen haben wir versucht, eine Studienbegleitung aufzubauen, in der die Studierenden selbst mit ihrer ganzen Kreativität und Freiheit gewünscht waren. Als Mentor war ich auch verantwortlich für die Studierenden aus der Bamberger Diözese, die an anderen Orten studierten, vor allem in Würzburg. Die »Würzburger« waren es, die unsere »Bamberger« dann auch immer wieder gründlich zu irritieren wussten. Und dabei fiel die ganze Zeit der Name Klinger als Gewährsmann einer neuen konzeptionellen Theologie, die den Bambergern natürlich aufgrund ihres gründlichen Klinger-Defizites genauso gründlich fehlte.

Nicht dass die Würzburger die Praxis der Bamberger missachtet und nicht unsere Praxis hochgeschätzt hätten – doch haben sie uns immer wieder deutlich gesagt, dass wir keinen theologischen Begriff von dem hätten, was wir täten.

– Ohnmacht –

Es ging dabei eben nicht nur um eine Frage der argumentativen Strategie, sondern auch um die Umkehr zu der Wirklichkeit, die der Begriff ausdrückt. Zugleich ist der theologische Begriff ein Ausdruck für die theologische Dignität dieser Wirklichkeit. Und dies sei nicht nur eine Frage des eigenen theologischen Selbstbewusstseins, sondern eine Frage objektiver Richtigkeit und Wahrheit.

Von da an habe ich Klinger studiert. Spät genug, aber nicht zu spät. Die ersten Aufsätze bekam ich von Dir.[12] Und ich konnte nachempfinden, was die Würzburger in den Vorlesungen von Elmar Klinger erlebt haben: nämlich dass ihnen die Augen geöffnet wurden für den theologischen Fortschritt des II. Vatikanums, für die theologische Wichtigkeit des Glaubens der Gläubigen als der normativen Grundlage der praktischen Theologie, die aus der Gegenwart kommt, für die gleichstufige gegenseitige Erschließung von Lehre und Pastoral, von kirchlicher Lehre und der Praxis des Gottesvolkes.

So ist die »Pastoral« eben nicht nur das, was die Priester tun, sondern auch das, was die Eltern tun, wenn sie ihren Kindern den Glauben vorleben und dabei ihre Ohnmacht erleben, weil sie nichts erzwingen können und wollen. Das ist nicht nur ein Handeln dieser Gläubigen selber, sondern das ist das Handeln der Kirche. Und wie die Gläubigen beten oder nicht beten können: Das alles ist wichtig für die Kirche. Denn alle Gläubigen tragen als Pastoren und Pastorinnen, indem sie für andere Hirten und Hirtinnen sind und andere als Hirten und Hirtinnen für sich selbst erleben und annehmen, die Pastoral der Kirche.

Alle Menschen sind sich und füreinander von Gott gegeben und so hineingerufen in die zwischenmenschliche Solidarität. Klinger vertritt das Volk Gottes, er vertritt die

Theologie des Konzils, er vertritt die Berufung aller Menschen, er vertritt die Notwendigkeit der Verbindung von Wort und Tat. Er vertritt dies alles im Bereich des wissenschaftlichen Denkens selbst: er gibt dem Volk Gottes und den Armen und Unterdrückten eine Stimme im Bereich der »hohen Theologie«. So wenig selbstverständlich dies ist, so notwendig ist dies!
Diese Stellvertretung gilt auch für uns PastoraltheologInnen: Klinger setzt in seinem systematischen Denken die Praxis des Volkes Gottes genauso hoch an wie sein Denken selbst. Die Pastoral ist nicht ein Anhängsel der Dogmatik, sondern ihr Bestandteil: Jeder Mensch ist, und hier denkt er Karl Rahner, seinen Lehrer, weiter, eine dogmatisch bedeutsame Existenz. Wir alle sind gewissermaßen lebendige Dogmen. Wir dürfen uns im Bereich der Lehre selbst wichtig nehmen, weil uns Gott wichtig nimmt. Genau das ist der springende Punkt in der Pastoral: nicht nur an etwas zu glauben, sondern wirklich daran zu glauben, dass die Berufungen der Gläubigen, wie Paul VI. es einmal formuliert hat, den Reichtum und die Schönheit der Kirche ausmachen.
Ein Beispiel: Mit großer Nachdrücklichkeit wird bereits in der Vorbereitung und auch in der Spendung des Sakraments der Firmung den jungen Menschen gesagt, dass sie hiermit den Geist Gottes haben und dass sie doch daran glauben sollten. Das Problem ist freilich, dass manche Spender und nicht wenige Hauptamtliche zwar selbst an die Firmung glauben, also daran, was die Lehre vom Sakrament der Firmung besagt, aber mit der damit zu verbindenden Praxis dann doch massive Schwierigkeiten haben: wenn es tatsächlich darum geht, den gefirmten jungen Menschen etwas zu glauben, ihnen etwas abzunehmen, von

ihnen etwas zu erwarten, womöglich wichtige Inhalte für den Aufbau der Gemeinde und für die Veränderung der Gesellschaft.

Mit Klinger muss man gegen Konzepte kämpfen, die das Volk Gottes kleiner sehen oder gar verachten, die den Glauben des Volkes an den Rand drängen und missachten, denen Kirchenraison und kirchliche Institutionen wichtiger sind als die Nächsten- und Fernstenliebe, die Gott weniger als Ermächtigung denn als Erniedrigung bestimmter Menschen verkünden, der Nichtdazugehörigen, der Gedemütigten. Mit Klinger muss man sich solidarisieren mit dem Engagement des Volkes auch im Bereich der Volksfrömmigkeit. Denn diese ist eine für die Theologie auskunftsfähige Praxis, die oft weiter ist als die Theologie selbst. Mit Klinger muss man für das gemeinsame Priestertum aller Getauften eintreten und gegen das Patriarchat, das eine inhumane Haltung ist, von ihm kann man lernen, sensibel zu sein für die Wirklichkeit und gleichzeitig in dieser Sensibilität das Allgemeingültige und Prinzipielle aufzusuchen und zu denken. Denn wo ein Prinzip nicht hinschaut und nicht sehen will, was tatsächlich der Fall ist, hängt es in der Luft und verschleiert die Wirklichkeit. Wo sich ein solches Denken, das Klinger platonisch nennt, weil darin die Idee wichtiger ist als die Wirklichkeit, mit tatsächlicher Herrschaft verbindet, haben die einzelnen Menschen mit ihren eigenen Sorgen nichts zu melden.

Und mit Klinger kann man Solidarität lernen mit Gruppen und Bewegungen, die an der Basis das leben, was theologisch vom Konzil gelehrt wird. Ich denke an den Priesterkreis der Erzdiözese Bamberg, »Feuerstein«, der so heißt, weil wir uns jahrzehntelang auf der Burg Feuerstein getroffen haben, oder an die Partnerschafts- und Solidaritätsgruppen etwa mit Gemeinden in Peru. Daraus entstanden wissenschaftliche Publikationen, als sichtbare solidarische Begleitung von Seiten der Theologie für deren Engagement.[13]

7. 1984: Die Entdeckung der Diakonie

Krockauer: In den 80er Jahren kam es zu einer verstärkten Wahrnehmung des Grundvollzugs der Diakonia und einer intensiven Verhältnisbestimmung von Caritas und Pastoral. Das waren Diskurse an der Fortbildungsakademie des Deutschen Caritasverbandes. Wie schätzt Du im Nachhinein Deine bekannt gewordenen »umstürzlerischen« Thesen zur Option der Diakonie[14] ein? Dort vertrittst Du die These, dass sich über die Neuentdeckung der Diakonie der Gemeinde, aber auch der Diakonie der Caritasverbände eine befreiende Bewegung initiieren lässt. Wie siehst Du das jetzt, im Abstand von gut 25 Jahren?

Ich hatte die theologische Caritasliteratur, wie sie bis in die 70er Jahre vorlag, gelesen, vor allem die Publikationen von Richard Völkl.[15] Mich hat beeindruckt, wie er die Diakonie hoch schätzt und wie er sie mit Texten aus der Schrift bibeltheologisch begründet. Zugleich ist mir auch klar geworden: Theologisch kann das noch nicht alles sein, was man dazu sagen kann, vor allem auch im Kontext der damaligen Auseinandersetzung um die Theologie der Befreiung. Diese Auseinandersetzung war über den bibeltheologischen Diskurs hinaus auch eine Frage der systematischen Theologie: Inwiefern ist der Ort der von Not und Krankheit bedrängten Menschen ein entscheidender Ort der Theologiebildung selbst?
Es ging dabei auch um die Inkulturationsfrage, nämlich wie tief sich die Kirche nicht nur im Bereich der Verkündigung, sondern auch im Bereich der Caritas in der Gesellschaft verwurzelt. Und hier zeigt sich, dass sie bereits vielfältig

im Caritasverband und in anderen ähnlichen Einrichtungen an ganz bestimmten sozial neuralgischen Stellen nicht nur durch Personen, sondern auch durch eindrucksvolle Institutionen vernetzt ist. Theologisch wurde diese Präsenz aber noch viel zu wenig mit dem Prozess der Evangelisierung und überhaupt mit dem Zentrum kirchlicher Verwirklichung in Kontakt gebracht. Genau das war mein Anliegen, das deswegen als umstürzlerisch wahrgenommen wurde, weil nun die Caritas nicht mehr nur ein Anhängsel der eigentlichen Pastoral ist, auch nicht nur ein Umfeld des eigentlichen kirchlichen Kerns, wohin dieses Umfeld führen sollte. Vielmehr wird die Caritas selbst zu einem kirchlich zentralen und theologisch relevanten Ort. Diejenigen, die darin leben und etwas erleben, haben auch etwas zu sagen, sie entwickeln eine eigene Theologie. Das war neu!

Das Ärgerliche bestand für manche darin, dass auf einmal etwas, was anderswo in Frage gestellt und attackiert wurde, nämlich die Praxis und Theologie der Befreiung in ihren unterschiedlichen Ausformungen in Lateinamerika und Afrika, jetzt auch noch in Deutschland aufgenommen und diskutiert wurde, und zwar im Zusammenhang mit einer altehrwürdigen und theologisch längst zugeordneten Institution, der Caritas. Ich verstehe auch die Befürchtungen; erfahrungsgemäß bringt es Turbulenzen für die Kirche in ihren – im engeren Sinn des Wortes – pastoralen Bereichen, wenn die Bereiche der Diakonie eine solche Bedeutung gewinnen, wenn also nicht nur – das wäre ja schon viel – die Gläubigen etwas zu sagen haben, sondern überhaupt von Not betroffene Menschen, egal was sie glauben. Sie alle haben eine theologische Qualität in der Beschreibung der Wirklichkeit, aber auch in der Beschreibung der Gottesbeziehung, auch in der Beschreibung ihres Gottesverlustes und der Gottesverneinung. Vom Bereich der Diakonie her ergeben sich dann immer auch inhaltliche Infragestellungen für den Bereich der Verkündigung, auch für eine diakonisch ausgerichtete Sakramentenpastoral denen gegenüber, die sich nicht leicht in die bestehenden Sozialgestalten der Kirche integrieren lassen.[16]

Übrigens: Das Wort »umstürzlerisch« war selbstverständlich nicht formal revolutionär gemeint, sondern war aus der Bibel selbst genommen, nämlich aus dem Magnifikat, dem Lobpreis Marias: »Er stürzt die Mächtigen vom Thron und erhöht die Niedrigen« (Lk 1,52). Derart habe ich mich um eine Praktische Theologie gesorgt, die in sich selbst bisherige Gefälle überholt und das Wort der Niedrigen und Erniedrigten erhöht.

Krockauer: In der Diskussion hast Du später ja für die Glaubensdimension innerhalb der Sozialpastoral gestritten. Wie war das zu verstehen?

Ich kann die theologische Bedeutung der Diakonie nur formulieren, wenn ich vom Bereich des Glaubens her eine Vorstellung davon habe. Ich kann die Würde, welche die Diakonie im Glauben hat, nur zusprechen, wenn der Glaube bewusst ist. Wenn diese Seite vernachlässigt wird, dann tut man der Diakonie nichts Gutes, jedenfalls im kirchlichen und christlichen Bereich, vor allem aber auch deswegen, weil die Menschen im Glauben jener Gottesliebe inne werden, die es ihnen *ermöglicht*, im Bereich der Nächstenliebe tätig zu werden, bis zum Risiko eigener Nachteile, die man sich dabei einholen kann. Nur wer sich

geliebt erfährt, kann lieben. Und wer auf Gerechtigkeit für sich selbst hoffen darf, auch über den Tod hinaus, hat umso mehr Kraft, für Gerechtigkeit einzustehen.
Ich habe die Vorwürfe nie verstanden, die ich manchmal gehört habe: Wer auf die Diakonie setzt, hält vom Glauben nicht mehr viel. Genau das Gegenteil ist der Fall. Denn wer zu den Taten der Nächstenliebe nur aufruft und sie nur fordert, liefert nicht zugleich die Kraft, die Forderungen zu erfüllen, sondern provoziert eher defensives Verhalten. Je wichtiger die Diakonie, desto wichtiger wird ein Gottesglaube, der sie trägt.

Bucher: Heute würdest Du die These vom »unbedingten Vorrang der Diakonie vor der Verkündigung«, wenn ja, in welcher Bedeutung vertreten?

Man kann weder von einem prinzipiellen Vorrang der Diakonie vor dem Glauben noch von einem prinzipiellen Vorrang des Glaubens vor der Diakonie sprechen. Aber es kann einen situativen Vorrang der Diakonie gegenüber der Verkündigung geben, wenn ich unmittelbar zur Hilfeleistung und zur Solidarität herausgefordert bin, unaufschiebbar, damit es Rettung gibt. Das Samaritergleichnis zeigt dies sehr eindrücklich: Priester und Levit, die vom prinzipiellen Vorrang des Gottesdienstes ausgehen, gehen an dem Mann, der unter die Räuber gefallen ist, vorbei (Lk 10, 30–37).
Hier hat also die Diakonie akuten Vorrang vor dem Gottesdienst, weil hier ein leidender Mensch ist, der unmittelbar Hilfe braucht. Aber das heißt nicht, dass es prinzipiell so ist, dass es also immer so sein muss. Es kann etwa in der Situation einer völligen Hilflosigkeit auch sein, dass der Gottesdienst, dass das Einfinden in die Klage vor Gott oder

in die Doxologie, die Gott größer sein lässt als das eigene Elend, etwas ganz Entscheidendes ist, situativ wichtiger noch, als nach Hilfen zu suchen, weil es vielleicht keine wirklichen Hilfen mehr gibt. Man muss also zu unterscheiden wissen: Einmal kann das eine und einmal das andere wichtiger sein. Erst diese wechselnde Situationswichtigkeit realisiert ihre prinzipielle Gleichwichtigkeit.

Krockauer: Gleichzeitig durchdringen sich ja beide.

Ja, und ermöglichen und vertiefen sich gegenseitig. Deswegen habe ich dann etwas gegengesteuert gegen den verständlichen, zunächst auch von mir vertretenen Pendelausschlag, nämlich gegen die bisherige Überbetonung der Verkündigung jetzt eine generelle Überbetonung der Diakonie zu formulieren. Diese Selbstkorrektur verdankt sich möglicherweise der Tatsache, dass in meiner Forschungsgeschichte die Spiritualität eine besondere Rolle spielte.

Bucher: Wie würdest Du denn konkret und situativ zum Beispiel bei einer Caritasmitarbeiterin die Funktionen und Leistungen beschreiben, die, so sie gläubig ist, der Glaube für ihr diakonisches Tun hat? Wir werden uns einig sein, dass auch eine nichtgläubige Caritasmitarbeiterin Diakonie im Sinn der Kirche leisten kann. Wo siehst Du den Mehrwert für die diakonische Arbeit bei Christen?

Auf der Ebene des gemeinsamen diakonischen Handelns in entsprechenden Einrichtungen gibt es diesen Mehrwert nicht. Das Handeln der Anders- oder Nichtgläubigen hat den gleichen Wert und auch die gleiche theologische Würde wie das der Christgläubigen. Dies ist keine Vereinnahmung, sondern eine Anerkennung ihrer Tätigkeit aus unserer Identität heraus. Vom Glauben her bringen wir dann gewissermaßen einen »Mehrwert« insofern ein, als wir glauben und auch dazusagen dürfen, dass ein solches Handeln in den Augen des Schöpfers der Welt unendlich wertvoll ist. Dieser »Mehrwert« ist kein Besitz, den man selbst erworben hätte, sondern reines Geschenk.

Zum Zeugnis wird das Ganze, wenn die Menschen spüren, dass wir im christlichen Glauben von einer Kraft beschenkt sind, die durch unser Handeln zum Vorschein kommt, die es ermöglicht und auch dann trägt, wenn es kräftezehrend und scheinbar oder anscheinend erfolglos ist. Solche spirituellen Ermöglichungen von Diakonie gibt es überall, vor allem auch in anderen Religionen, im Judentum und im Islam. Profilneurotisch brauchen wir unseren Glauben nicht zu vertreten. Weil es diese Spiritualität auch anderswo gibt, ist dies umso mehr eine Ermöglichung und Herausforderung für uns, den diesbezüglichen Kern der christlichen Botschaft, vor allem den Zusammenhang von Gottesliebe und Nächstenliebe in der prophetischen Verkündigung und bei Jesus von Nazareth, umso profilierter auch bei uns wahrzunehmen und zu verwirklichen.

Entscheidend ist dabei, dass eine solche diakonische Spiritualität im Bereich der Diakonie selbst wachsen darf und nicht etwa von Leuten, die mit der Diakonie nichts zu tun haben, als Glaubensforderung importiert wird. Das war oft die Befürchtung derer, die in caritativen Einrichtungen arbeiten. Ich kann mich an den Anfang der 80er Jahre erinnern, wenn ich im Caritasverband mit solchen Gruppen zusammen war, mit welchem Widerstand sie zuerst einmal reagiert haben: »Da kommt wieder einer, der will uns beibringen, was wir zu glauben haben.« Das ist genau der falsche Weg. Es geht darum, dass z. B. die Sozialarbeiter und Sozialarbeiterinnen selber entdecken, wie die biblischen Geschichten mit ihrer Arbeit zusammenhängen: Das ist dann ihre Theologie und das ist dann eine Theologie, die stärkt, die Kraft gibt für die Arbeit und für einen Weg zwischen Resignation und Überforderung.

Bucher: Noch einmal zur Auseinandersetzung über das Verhältnis von Orthodoxie und Orthopraxie. Das war auf der Bühne der Wissenschaft eine Deiner ersten kirchenpolitischen Auseinandersetzungen.

Ja.

Bucher: Mit der Professur ist man auf einer höheren Bühne. Man findet sich plötzlich in einer größeren Öffentlichkeit wieder, steht in Auseinandersetzungen. Wie siehst Du – als Pastoraltheologieprofessor – die Notwendigkeit zur kirchenpolitischen Auseinandersetzung?

Ich habe diesen Streit nicht gesucht, sondern habe mich hineinverwickeln lassen. Alles hing mit den Begegnungen mit Leuten im Caritasverband oder in der Aidsproblematik zusammen, auch in der nicht-kirchlichen Szene. Hier ging es vor allem um die Frage nach dem Verhältnis von kirchlicher Sexualmoral und bedingungsloser Diakonie: Haben auch diejenigen, die der kirchlichen Sexualmoral nicht entsprechen, ein Recht auf Leben und Überleben?[17] Ich habe es für notwendig empfunden, solche Auseinandersetzungen zu führen. Erstens um des Handelns wegen selber, aber, jetzt speziell von meiner Profession her, der theologischen Würde des diakonischen Handelns wegen. Da blieb ich unnachgiebig. Wie Jesus selber sagt: »Das Zweite ist dem anderen gleich« (Mt 22,39). Dieses »ist dem anderen gleich« der Nächstenliebe gegenüber der, besser in der Gottesliebe, das man wie Jesus oft genug dazusagen muss, habe ich nachhaltig dazugesagt – in vielen Varianten und Variationen.

Krockauer: Du zeigst Dich auch als ein Theologe, der hin und wieder gewisse Korrekturen vornimmt, ohne im Kern die Position aufzuweichen, zum Beispiel diese Korrektur eines unbedingten und prinzipiellen Vorranges der Diakonie zugunsten einer stärkeren Durchdringung von Martyria und Diakonie und auch einer Verteidigung des situativen Vorranges. Wie nötig ist es für einen Theologen, sich zu korrigieren, wie geht das, dass er seine Positionen korrigiert, ohne als Umfaller bezeichnet zu werden oder als jemand, der sein Fähnchen in den Wind hält?

Ich denke nicht, dass ich die Grundlinien meiner Theologie, auch meiner Spiritualität, zurückgenommen oder gar aufgegeben habe. Aber gerade deswegen musste ich auch manches korrigieren und vor allem korrigieren lassen, weil sich entweder Situationen verändert haben und ein neues Nachdenken benötigten oder weil mein eigenes Nachdenken nicht präzis genug war und etwas übersehen hatte. Hier zeigt sich ganz real, dass jede Theologie biographisch bedingt und ermöglicht, aber auch begrenzt ist. Vor allem wenn die Korrektur durch Erfahrungen in bestimmten Praxisbereichen erzwungen wird, die man nicht wegdiskutieren kann.
Ich habe es nie verstanden, dass diejenigen, die im Lehramt der Kirche verantwortlich sind, sich oft so schwertun,

Korrekturen anzunehmen, als würden sie darin etwas von ihrer Autorität verlieren. Genau das Gegenteil ist der Fall. Sie verlieren die Autorität, wenn sie fast alles, was sie sagen, praktisch, also im kommunikativen Vollzug, als außerordentliches Lehramt betrachten, wogegen keine Widersprüche erwünscht sind.

8. 1989: Kirche und Geschichte

Krockauer: Gehen wir zur sogenannten »Wende« ins Jahr 1989/90. Es hat die deutsche Nachkriegsgeschichte mindestens genauso geprägt wie das Jahr 1945. Worin liegt die theologische Dimension dieses vollkommen unkirchlichen und erst einmal untheologischen historischen Ereignisses?

So unkirchlich war es ja nicht, jedenfalls in der Vorbereitung nicht. Die Kirchen, vor allem die evangelische und nachzüglerisch dann auch die katholische, haben ja ihre Räume geöffnet, und viele Initiatoren und Initiatorinnen der »Wende« kamen aus dem kirchlichen Bereich.
Ich kann mich gut erinnern, wie ich auf einer Fahrradtour war, als 1961 die Mauer gebaut wurde. Ich habe später auch die Bilder gesehen. Dieses Abschließen, dieses absolute Zumachen hat mich ziemlich beschäftigt: Jetzt geht nichts mehr hinüber und herüber, dieses totale »Zu-Sein« von etwas, der endgültige Ausschluss. Von daher haben mich die Bilder von 1989 zutiefst beeindruckt, als die Mauer buchstäblich fiel.

Krockauer: Woher kam diese emotionale Betroffenheit? Kann man die erklären, wenn nicht nur mit der Freude über ein überraschendes historisches Ereignis?

Das auch, aber auch weil wir es für völlig unmöglich hielten, dass sich das jemals ereignen könnte. Ich kann mich an ein Denkmal zur deutschen Einheit aus den 50er Jahren erinnern, das wir am Erlanger Bohlenplatz hatten: »ewig ungetrennt« stand drauf. Da wurde die Einheit Deutschlands beschworen, von der wir nie gedacht haben, dass sie jemals Wirklichkeit würde. Und dann waren da die Menschen, die plötzlich herübergekommen sind. Die Freude auf den Gesichtern und die Erfahrung, dass etwas, was für unmöglich gehalten wird, geschieht und wie Menschen das dann erleben, das war schon sehr bewegend. Nicht im Sinne des Nationalen, sondern dass hier Menschen, die eigentlich zusammenkommen wollen und die gewalttätig voneinander getrennt sind, zusammenkommen können; dass hier Mauern zusammenbrechen, diese ganze Aura des Mauern-Zusammenbrechens – bis nach Jericho, das spielt wahrscheinlich alles mit, das war einfach stark, das war nicht bloß politisch stark, das war auch symbolisch stark. Damals hätte man die biblische Kategorie des Handelns Gottes in der Geschichte bemühen können. Aber das ist für sich wieder eine heikle »Geschichte«, zumal angesichts der Frage, wie sich das Eingreifen Gottes zu den Katastrophen der Geschichte verhält.

Bucher: Die Erfahrung, dass etwas geschieht, was man für unmöglich hält, konnte man ja im ganzen 20. Jahrhundert machen, positiv wie negativ. Mein Vater wurde 1912 im Kaiserreich geboren und ist 1991 im wiedervereinigten Deutschland gestorben. Was ist da alles politisch in Deutschland passiert und nie war die nächste Phase wirklich vorhersehbar. Das Kaiserreich hat Weimar nicht vorausgesehen, Weimar den Nationalsozialismus zwar zunehmend gefürchtet, aber nicht für das erkannt, was er dann war, der Nationalsozialismus hat mit allem gerechnet, aber nicht damit, von der »Plutokratie« der »verweichlichten Amerikaner« besiegt zu werden oder gar vom bolschewistischen

»Untermenschen«; wir haben nicht vorausgesehen, dass die Mauer fällt. Warum soll es nicht so weitergehen?

Einmal traue ich der Geschichte mehr zu als das, was gegenwärtig in ihr vertrauenswürdig erscheint. Wir hätten uns nie erträumt, dass einmal die Mauer fallen könnte. Also dürfen wir träumen: Ich träume zum Beispiel davon, dass es einmal einen gerechten Frieden zwischen Israel und Palästina gibt, obwohl es gegenwärtig gar nicht danach ausschaut. Aber es gab mit dem Oslo-Abkommen 1991 doch schon einen Beginn, der aber leider keine Zukunft hatte. Aber genauso »traue« ich den Mächten der Geschichte zu, dass sie auf vorhersehbare oder auch nicht voraussehbare Katastrophen zurasen. Was uns bleibt, ist nicht eine pessimistische Sicht, sondern die guten Mächte auszumachen, auf sie zu setzen und sich mit ihnen zu verbünden. Denn das hat spätestens der Mauerfall gezeigt: Es gibt auch unvorhersehbare Ereignisse, die vieles zum Besseren hinwenden.

Bucher: Ich bin in Bayreuth aufgewachsen und für uns war die sogenannte »Zonengrenze« zwischen der Bundesrepublik und der DDR sehr präsent. Auch war die Bedrohung des Kalten Kriegs sehr drängend bewusst. Hat der Bedrohungscharakter der Zeit vor 1989, die Bedrohung etwa durch einen Atomkrieg, für Dich, für Deine Theologie eine Rolle gespielt?

Ja, vor allem in der Art und Weise, wie der Westen auf diese Bedrohung reagiert hat, von den Pershing-Raketen bis hin zum jetzt abgeblasenen Satellitenabwehrschild. Es wurde damals politisch kein neues Gesetz des Handelns entdeckt, das die Schraube des atomaren Wettrüstens nicht immer wieder weitergedreht hätte. Was Jesus in der Bergpredigt als Unterbrechung der Gewaltspirale einfordert, hatte in diesem Kontext absolut keine Chance. Wer davon sprach, war nichts als – und da sind wir wieder beim Begriff des Traums – ein Träumer.

Auf der anderen Seite verdanken wir diesem Gleichgewicht des Schreckens eine jahrzehntelange Friedenszeit, so lange, wie Jahrhunderte zuvor nicht. Der europäische Friede ist mittlerweile so alt wie ich selbst. Aber wer denkt an die Opfer dieser Zusammenhänge: an die vielen Stellvertretungskriege außerhalb Europas, bis hin zu fürchterlichen Völkermorden, von den immensen Kosten des Wettrüstens ganz zu schweigen – völlig unvergleichbar etwa zu dem, was an Entwicklungshilfe und im Kampf gegen die weltweite Armut geleistet bzw. nicht geleistet wurde. Wir haben uns über die erste Hälfte des 20. Jahrhunderts entsetzt. Vielleicht werden unsere Nachfahren einmal auch mit Erschrecken auf die zweite Hälfte des 20. Jahrhunderts schauen, jedenfalls global gesehen.

Es gab wohl so etwas wie ein kollektives Angst- und Bedrohungsgefühl bei uns selbst, bis hinein in die Angstträume der Kinder. Ein literarischer Ausdruck dafür war ja das bedrängende Buch von Gudrun Pausewang über die letzten Kinder von Schewenborn mit dem Untertitel: Sieht so unsere Zukunft aus? Pausewang schildert hier, wie Kinder die atomare Katastrophe erleben. Im Nachwort schrieb die Autorin damals, dass ihre Erzählung dazu beitragen möge, dass wir uns gegen die Gefahr eines atomaren Holocaust zu wehren beginnen und dass es dafür vielleicht nicht zu spät sei.[18] Das Buch war damals deswegen so publikumswirksam, weil es verdrängte Befürchtungen ins Bewusstsein hob und als trügerische Ruhe entlarvte, was als atomares Gleichgewicht propagiert wurde.

Bucher: Die Einheit Deutschlands war von Seiten der Westmächte nur möglich durch ein starkes und irreversibles Bekenntnis Deutschlands zu Europa. Europa ist auch religionspolitisch – »Abendland« – eine hoch aufgeladene Kategorie. Wie beurteilst Du den Prozess der europäischen Einigung, der mit 1989 eine neue Dynamik gewonnen hat?

Ich sehe Europa erst einmal sehr positiv, auch die Öffnung nach dem Osten. Vor allem weil die Europäische Union dadurch gezwungen wird, von sich ein pluraleres Konzept zu entwickeln als vorher. Bei aller Ambivalenz der Politik von Adenauer ist es das Verdienst seiner Politik, zwischen Frankreich und Deutschland, auch zwischen Deutschland und England, eine jahrhundertealte Feindschaft abgebaut zu haben. Das ist wirklich gelungen und scheint jetzt auch wirklich zu gelingen zwischen ost- und westeuropäischen Ländern. Es ist wunderbar, was da jetzt geschieht, etwa zwischen Polen und Deutschen, bei allen Differenzen.
Der europäische Prozess sollte weitergehen, aber unter zwei Kautelen: Einmal sollte Europa weiterhin Pluralitätsfähigkeit lernen in Bezug auf verschiedene Lebensstile und Religionen. Es dürfen nicht Vorstellungen greifen, Europa sei unter einem ideologischen Dach unterzubringen, und das müsse man dann als die Einheit Europas durchsetzen. Die Einheit liegt vielmehr in der gemeinsamen Haltung, sich gegenseitig zu achten und zu schützen und miteinander den Weg der Humanisierung aller Lebensbereiche und der Solidarität mit den Schwachen zu gehen. Das andere

wäre das Verhältnis Europas zur restlichen Welt. Das ist ein sehr heikles Verhältnis, es kommt in Lampedusa[19] zum Vorschein und in vielen anderen ähnlichen Ereignissen: das Anstürmen von Afrika und anderen Erdteilen, die drohenden Hunger- und Durstkriege, die ertrunkenen Flüchtlinge im Mittelmeer. Dass Europa sich einmal militärisch wehrt und das dann noch als Notwehr deklariert, ist eine große Gefahr für die Zukunft. Wie das ausgeht, ist wirklich noch offen.

Dieser Gefahr kann nur dadurch entgegengesteuert werden, dass Europa als Ganzes, dass die europäischen Länder, die Regionen und überhaupt die europäischen Menschen – und dafür gibt es bereits gute hoffnungsvolle Bewegungen und Ansätze – lernen, sich vom Außen ihrer selbst, also aus der globalen Perspektive wahrzunehmen und jene Solidarität zu entwickeln, die es allen Menschen gönnt, ein menschenwürdiges Leben zu führen. Voraussetzung dafür wird zunehmend die Fähigkeit sein, auf bisherige Vorteile verzichten und teilen zu können, damit andere Länder und Menschen weniger Nachteile haben. Nur in dieser globalen Gesamtsolidarität gibt es eine Zukunft, die im 21. Jahrhundert nicht in nackten Verteilungskämpfen landet, die am Ende nicht nur zur millionen-, sondern zur milliardenfachen Völkervernichtung führen wird. Horst Eberhard Richters Buchtitel »Wer nicht leiden will, muss hassen«[20] heißt unter diesen Umständen: »Wer nicht teilen will, muss töten!«

Krockauer: Du hast das Stichwort der »Globalisierung der Solidarität« in Ergänzung bzw. auch im Gegensatz zur »ökonomischen Globalisierung« gegeben. Was bedeutet es?

Die jüngsten Crasherfahrungen der Finanzsysteme haben unabweisbar erfahren lassen, wie die Welt der ökonomischen Globalisierung, der Bankenglobalisierung und der Globalisierung der Konzerne und Börsen auf Gedeih und Verderb ausgeliefert ist. Es gibt allerdings bereits viele Kräfte der Gegenglobalisierung, einer Globalisierung, die an Solidarität und Gerechtigkeit orientiert ist, die mit den gleichen Kommunikationsmitteln, zum Beispiel mit dem Internet, arbeitet, aber mit völlig anderen Vorzeichen. Und das sind nicht nur die NGO-Organisationen, sondern zunehmend auch alternative ökonomische Initiativen, so dass das Ökonomische ebenfalls ein anderes Vorzeichen bekommt. Aber man erfährt auch immer wieder die Hilflosigkeit dieser anderen Globalisierung gegenüber den herrschenden Globalisierungsstrategien, so sehr, dass weltweit Hunderte von Milliarden Euros bzw. Dollars in dieses System der Gier und des Größenwahns gepumpt werden, das nicht nur weltweite Ungerechtigkeit produziert, sondern jetzt auch noch zusätzlich immense finanzielle Ressourcen jenen wegstiehlt, die sie bitter nötig hätten. Wenn ich richtig sehe, haben die Entscheidungsträger der Politik die Chance schon wieder verspielt, in dieser Krise einen politischen Fuß in die Tür der weltweiten Kapitalisierung zu stellen. Jedenfalls sind die politischen Instrumente und Möglichkeiten immer noch relativ zahnlos.

In diesem Zusammenhang der solidarischen Gegenglobalisierung könnte man auch das Instrument der Weltkirche neu ins Auge fassen. Denn die Kirche hätte weltweit ihre Orte, um wahrzunehmen, was vor Ort der Fall ist, und könnte dies dann auch weltweit wieder kommunizieren. Was zum Beispiel Caritas Internationalis leistet, könnte ein Vorbild für eine Weltkirche auf der Basis globaler Diakonie sein, verbunden mit der ganzen theologischen Würde, die in den letzten Jahren in der Theologie der Diakonie formuliert wurde. Und vor allem in den wohlhabenderen Ländern und Erdteilen könnte dann in der katholischen Verkündigung und Spiritualität jene Motivation in der Gottesbeziehung selber verankert werden, die Menschen dazu befähigt, bisherige Vorteile abzugeben und zu teilen. Also gerade um der globalen Diakonie willen ist eine neue Intensivierung des Glaubens in diese Richtung nötig, damit möglichst viele Menschen tun *können*, was zu tun ist. Dies führt mich nochmals zu Europa zurück. Hier sehe ich in der Brüsseler Bildungs- und Wissenschaftspolitik ein großes Problem. Man scheint hier in die laizistische Richtung zu gehen, wo es doch nötig wäre, alle positiven Ressourcen, auch die der Religionen, für die Ethik des Zusammenlebens und der Beziehung zwischen Europa und anderen Ländern und Erdteilen zu mobilisieren. Dafür haben die Religionen nicht nur Negatives, zum Beispiel Fundamentalistisches und Ausgrenzendes, beizutragen, sondern es wäre auch eine politische Aufgabe, die solidarisierenden Anteile der Religionen zu unterstützen und bildungspolitisch wie wissenschaftlich zu würdigen. Will man europäische Forschungsgelder beantragen, dann ist man im Moment leider gut beraten, Theologisches nicht einzubringen oder säkular zu formulieren. Dies halte ich für einen großen nicht nur religionspolitischen, sondern auch sozialpolitischen Fehler.

Bucher: Beim Thema Globalisierung kommt man als Katholik nicht um den Papst herum. Er hat die Aufgabe, die Kirche weltweit zu positionieren. Zwei Päpste haben das in den letzten Jahren dezidiert getan: Johannes Paul II.

und Benedikt XVI. Wie? Wie nehmen sie ihre globale Aufgabe in einer sich ambivalent globalisierenden Welt wahr?

Ich möchte noch Paul VI. dazunehmen. Peter Hebblethwaite hat in seiner Biographie[21] von Paul VI. Recht, wenn er ihn als den ersten modernen Papst wahrgenommen hat, insofern er den Dialog nicht nur als Mittel zum Zweck benutzt, sondern als zentrale Haltung gelebt und theologisch vertreten hat. Paul VI. konnte Bischöfe ernennen, die nicht seiner Meinung waren, weil es der Wunsch der Ortskirchen war. Die Ortskirchen waren für ihn wirklich Kirchen, die etwas zu sagen hatten und die er geachtet hat. Da ist wieder die Frage, *wie* weltkirchliche Globalisierung organisiert wird: als Herrschaftsform über die Ortskirchen oder als Dienst an ihrem vielfältigen Profil und an ihrem gegenseitigen Austausch, was weiterhin eine verantwortliche Leitungsaufgabe ist, aber eben eine andere.
Mit Johannes Paul II. hat sich das verändert: mit ganz bestimmten Bischofsernennungen gegen Entwicklungen in den Ortskirchen, zum Beispiel gegen die Basisgemeinden der Theologie der Befreiung in Lateinamerika. Dazu gehört auch die rigide Art, wie Johannes Paul II. mit den Unterzeichnern der »Kölner Erklärung« umgegangen ist. Gleichwohl entzieht er sich einer zusammenfassenden Beurteilung. Damit will ich also nicht den Pontifikat dieses Papstes insgesamt beurteilt haben. Gerade bei ihm gibt es viele Facetten. Er lebte das Papsttum in einer inneren Pluralität, die in sich selber durchaus nicht unwidersprüchlich war. So ist er in seinen Symbolhandlungen manchen kirchenpolitischen Entscheidungen voraus, wenn er zum Beispiel an der Klagemauer für die ganze Kirche ein Schuld-

bekenntnis formuliert, wie es bislang von einem Papst nicht zu hören war. Es wäre überhaupt eine Forschungsidee in der Theologie, nicht nur in der Praktischen, die »Lehre«, die in vielen Symbolhandlungen dieses Papstes liegt, zu entfalten. Eine solche Dogmatik des Leibes in Gesten und Symbolen zu schreiben wäre nicht nur sehr beeindruckend, sondern überhaupt ein interessanter Forschungsversuch, die Differenz zwischen leiblich signalisierter Dogmatik auf der einen und lehr- bzw. personalentscheidender Dogmatik auf der anderen Seite herauszuarbeiten.

Zu Benedikt XVI. möchte ich eigentlich noch nicht viel sagen. Als Theologe verdanke ich ihm viele wertvolle Texte, die auch für mich persönlich und für meine Theologie wichtig geworden sind: vor allem im Zusammenhang meiner Arbeiten zur praktischen Eschatologie, also zur Bedeutung des Jüngsten Gerichts für das gegenwärtige Leben.[22] Mit seinem Anliegen, die Wirklichkeit sehr prinzipienorientiert zu gestalten, könnte er als Papst der Gefahr erliegen, der Wirklichkeit, so wie sie ist, nicht gründlich genug gerecht zu werden und ihr in ihrer Vielfalt keine eigene theologische Würde zuzugestehen. Wo das Allgemeine theologischer Ideen von besonderer Bedeutung ist, kann sich leicht die Versuchung einstellen, es wichtiger zu erachten als das Singuläre und es gegenüber dem Singulären durchzusetzen, ohne das Allgemeine vom Singulären beeinträchtigen, schon gar nicht beschmutzen zu lassen. Der Papst könnte dann auch leicht übersehen, wie das Verhältnis zwischen der Kurie, wie sie jetzt besetzt ist, und der Pastoral der Ortskirchen immer mehr von gegenseitigem Unverständnis geprägt ist.

Bucher: Noch einmal zum Weltpolitischen. Wie siehst Du die letzten drei Päpste agieren, in ihrer weltpolitischen Verantwortung?

Paul VI. hat diese weltpolitische Verantwortung bereits stark wahrgenommen, vor allem auch mit seinen ersten Pastoralreisen zur UNO und ins Heilige Land. Auch Johannes Paul II. hat die weltpolitische Bedeutung des Papsttums wesentlich gesteigert: mit dem, was er im damaligen Ostblock in Bewegung brachte, und überhaupt auf seinen unglaublich vielen Pastoralreisen. Dass so viele politische und religiöse Führer aus gegensätzlichen Lagern bei seiner Beerdigung in Rom waren, ist ein Zeichen dafür, dass dieser Papst wirklich eine religiöse und ethische Autorität war. Ich glaube schon, dass der Papst, nicht nur als Person, sondern weil er eine weltweite Glaubenswelt »hinter« sich hat, als »Global Player« akzeptiert ist, als Akteur, der etwas zu sagen hat in Bezug auf die politische Gestaltung der Völker und ihrer Beziehungen, auch auf die soziale Gestaltung ihrer Gesellschaften. Dies gilt besonders für den Bereich, den wir vorhin im Zusammenhang von Solidarität und Globalisierung erörtert haben. Vor allem Johannes Paul II. hat in dieser Richtung immer sehr deutlich gesprochen.

Bucher: Du hast einen Band mit herausgegeben zur Erinnerungsarbeit, mit Schwerpunkt auf dem Nationalsozialismus.[23] *Die pastorale Situation in der DDR war sehr speziell: Einerseits gab es positive Erfahrungen mit einer Kirche, die eine gewisse vorsichtige Gegenöffentlichkeit bereitstellte. Andererseits gab es Schuld und Verrat. Wie soll die Pastoral mit solch einer Schuldgeschichte, bei der Opfer und Täter ja nicht immer eindeutig zuordenbar sind, umgehen?*

Ich habe dieses Problem an einem anderen Ort wahrgenommen, nämlich in Südafrika nach der dortigen Wende in den Wahrheits- und Versöhnungskommissionen nach der Abschaffung des Apartheidsystems. Hier waren vor allem auch christliche Gemeinden die sozialen Räume, in denen die Begegnungen mit den Opfern und Tätern bzw. mit ihren Nachfahren und mit den Überlebenden möglich waren und ausgehalten wurden.
Nun kann man den kulturellen Raum Ostdeutschlands nicht leicht mit Südafrika vergleichen, wo man sich ein Leben ohne Religiosität kaum vorstellen kann. Dennoch möchte ich mit aller Vorsicht sagen: So wertvoll und notwendig die großorganisatorische Aufarbeitung von Schuld, Verrat und Leid über die Gauck-Behörde gewesen ist und noch ist, wurde doch versäumt, auf der Ebene der lokalen Beziehung der Menschen zueinander soziale Räume zu gestalten, in denen Menschen aneinander entdecken und zur Aussprache bringen, wer wer gewesen ist und wie Täter und Opfer in schwierigen Prozessen miteinander so weit kommen, dass sie eine Zukunft haben, ohne die Vergangenheit verdrängen zu müssen. Diese Lokalisierung des »Aufarbeitens« in einem überschaubaren kommunikativen Raum steht noch, wenn ich richtig sehe, aus.
Haben die Kirchen vor der Wende Räume für die Veränderung eröffnet, so stellt sich die Frage, warum sie sich nicht auch nach der Wende für eine mögliche Wahrheits- und Versöhnungsfindung bereitgestellt haben. Ich sage das nicht in der besserwisserischen Attitüde von Forderung und Überforderung, sondern bedauere eine vielleicht verpasste Chance für die Zukunft von Ostdeutschland und für die Zukunft der dortigen Kirchen. Vielleicht haben sich die Kirchen zu schnell darauf gefreut, allerdings in einer völ-

ligen Fehleinschätzung der Lage, dass nun, wo es keine Sanktionen hinsichtlich des Glaubens mehr gibt, wieder viele Menschen in die Kirchen kommen. Aber die großen Kircheneintritte blieben aus. Möglicherweise haben sich die Kirchen nach der Wende zu schnell auf sich selbst konzentriert und die gesellschaftliche Verantwortung, die sie vorher verwirklich haben, nicht auch, und jetzt in anderer Weise, eingelöst.

Aber auch die westlichen Kirchen haben hier zu wenig Impulse gesetzt, zumal sich auch die bundesrepublikanischen Kirchen, wenig alternativ zur Gesamtgesellschaft, nach 1945 eher damit begnügt haben, sich als Opfer zu sehen, und für so manchen Täter in der Entnazifizierung zu leichtfertig »Persilscheine« ausgestellt haben. Unschuldig sein war die Devise, nicht die Frage, wie nicht nur die großen Opfer und Täter, sondern ihre »kleinen« Ausgaben, oft in ein und derselben Person, gemeinsam die Wahrheit zu formulieren wagen und Versöhnung finden. Die eigene Schuld auf die großen Täter zu schieben, dort zu attackieren und sich gleichzeitig von diesen heftig zu distanzieren war keine angemessene Erinnerungsbasis, sondern eine kollektive Verdrängungsstrategie der bundesrepublikanischen Gesellschaft, die die nachfolgenden Generationen auszubaden hatten.

9. 2001: Religionen und Gerechtigkeit

Krockauer: Du bist Jahrgang 1945, 1968 bist Du 23 Jahre, 1989 44 Jahre alt. Ich springe zum 56-Jährigen ins Jahr 2001. Kannst Du Dich noch erinnern, wie Du den 11. September 2001 erlebt hast?

Ja. Ich war in Tübingen, in meiner Wohnung, und ich hatte keinen Fernseher, das Radio hatte ich auch nicht laufen. Da rief mich der Direktor des Wilhelmstifts gegenüber an und sagte: »Es ist etwas Schlimmes passiert. Komm mal rüber und schau dir das an.« Da bin ich ins Wilhelmstift hinübergegangen und habe es gesehen. Ich war wenige Jahre vorher in New York gewesen, auch im World Trade Center.

Es war für mich in einer ganz erschreckenden Weise faszinierend, wie die Flugzeuge in die Türme hineingeschossen sind und wie dann das ganze World Trade Center in sich zusammengestürzt ist. Das war eine ganz neue Art von Zerstörung und Terror. Ich habe in diesem Zusammenhang an einen Augenzeugen des Dresdner Feuersturms denken müssen, der bei einem Interview im Fernsehen eine ähnliche Erfahrung zum Ausdruck gebracht hat: dass es ein erschreckend faszinierendes Schauspiel war, das brennende Dresden zu sehen, dass also genau das Böse, das so viel Menschenleben auf brutalste Weise zerstört, so entsetzlich eindrucksvoll daherkommt.

Gleichzeitig haben mir die Menschen unendlich leidgetan, die dabei gestorben sind, und dann auch diejenigen, die um ihre Verstorbenen getrauert und geweint haben. Das ist das eine. Das andere war dann die Art und Weise, wie mit diesem Anschlag umgegangen wurde, vor allem in den Vereinigten Staaten. Das hat mich auch erschreckt, zum Beispiel die offiziellen Trauer-Gottesdienste, in denen die Frage völlig ausgeklammert wurde, welche Rolle Gott dabei spielt. Es gab nirgendwo eine Klage gegen Gott, sondern er wurde aufgerufen als derjenige, der die Toten rettet, gut, das ist in Ordnung, aber die eigentliche Aggression wurde nicht in der Spiritualität ausgelebt, sondern sie wurde da herausgehalten. Gott blieb sauber und belanglos. Die Schuldigen sind natürlich die Täter, das ist klar, aber innerhalb des Horizonts des Glaubens bleibt auch Gott verantwortlich. Diese biblische Dimension hat es überhaupt nicht gegeben.

Wo man aber nicht gegen Gott klagen und fluchen kann, kann man auch nicht die Gewalt an Gott delegieren, wie dies in biblischen Fluchgebeten der Fall ist, sondern muss sie selbst in die Hand nehmen, da muss man umso mehr die Menschen dem Fluch der eigenen Zerstörung ausliefern. Was danach abgelaufen ist, mit dem Irakkrieg, mit Guantanamo, hat das bestätigt: diese Unfähigkeit, auf eine solche qualitativ neue entsetzliche geschichtliche Herausforderung auch gegenläufig mit einer neuen Qualität zu reagieren. Worin diese hätte bestehen können? Durchaus in allen nötigen Schutzmaßnahmen. Aber auch in der Verweigerung, sich vom Terrorismus das Gesetz des Handelns aufzwingen zu lassen, nun ebenfalls tausendfach unschuldige Opfer in Kauf zu nehmen. Letzteres hat die offene Flanke, durch Terrorismus verletzbar zu sein, eher vergrößert als vermindert.

Krockauer: Es ist ja etwas wiedergekommen, was man in den 80er Jahren meinte, hinter sich zu haben: die Rede vom »gerechten Krieg«.

Ja, aber nun als Lizenz zum mit erlogenen Gründen angezettelten Krieg. Nach der Devise: Wir müssen uns wehren und über welche Opfer hinweg wir uns wehren, das ist gar nicht mehr die Frage, ein Land, das so angegriffen wurde, hat das Recht zum ungerechten Krieg.

Krockauer: Wie hat sich die Welt danach neu geordnet? Ist das eine vergleichbare Zäsur wie 1989 oder gar wie 1945?

Es ist eine Zäsur. Aber nicht im Sinne einer Neuorientierung, sondern in der Vertiefung einer alten Strategie, nämlich auf Gewalt mit umso größerer Gewalt zu reagieren.

Krockauer: Also im Grunde eine Art Rückfall?
Bucher: Die Lehre vom gerechtfertigten Krieg sagt ja auch, dass Verhältnismäßigkeit bestehen muss.

Das wäre sogar innerhalb dieses traditionellen theologischen Diskursfeldes eine Möglichkeit der Kritik gewesen. Aber die Unverhältnismäßigkeit des Anschlags wurde als Anlass genommen, völlig unverhältnismäßig zu reagieren.

Bucher: Man hat die »Geistliche Anleitung« der Attentäter gefunden und weiß also, dass sie kurz vor dem Einschlag gebetet haben und auch was sie gebetet haben. Vorne im Cockpit sitzen also die Attentäter und beten für ihr Martyrium. Im hinteren Teil, zusammengetrieben, kauern die Kabinenbesatzung und die Passagiere. Nehmen wir einmal an, dass ein großer Teil davon auch gebetet hat, weil sie wissen, dass sie sterben werden: Welchen Gott gibt es: den der Gebete aus der Kabine oder jenen der Gebete aus dem Cockpit? Oder keinen? Oder beide?

In diesem Bild kommt unabweisbar zum Vorschein, dass ein hochintensiver Glaube immer dann zerstörerisch ist, wenn er die Glaubensgrenzen zu Heilsgrenzen macht und das Heil für die anderen Menschen davon abhängig macht, wieweit sie den eigenen Glauben übernehmen. Wenn sie das nicht tun, sind sie gar nicht mehr wert zu leben. Das ist die Grundversuchung jeder Religion. Wenn sich ein solcher Fundamentalismus dann noch mit einer Gewaltbereitschaft verbindet, die bis in den Himmel hinein belohnt wird, gibt es keine Grenzen mehr.
Aber nun zu Deiner Frage nach dem Gebet der Attentäter bzw. der Passagiere. Es gibt den Gott, der beide hört. Ich wage nicht zu sagen, dass nicht auch das Gebet der Attentäter ein Gebet ist. Gott wird im Gericht allerdings den einen anders begegnen als den anderen. Seine Liebe gilt allen, doch wird sie bei Opfern und Tätern völlig unterschiedliche Erfahrungen auslösen. Ich glaube, dass Gott beide rettet. Auf der einen Seite wird er diejenigen retten, die als unschuldige Opfer ums Leben kamen. Aber er wird auch die Attentäter retten, aber durch ein Feuer hindurch, sofern sie sich dafür öffnen – doch muss man sich die Versöhnungsmacht Gottes und die in ihr eröffnete Freiheit nicht unendlich und unerschöpflich denken? –, in dem sie im tiefsten Reueschmerz erleben, was sie anderen angetan haben, und erfahren, wofür Gott eigentlich steht: nämlich für die Rettung aller, für das Heil aller, und zwar auch schon für das diesseitige Heil aller.

Dieser Hoffnungsblick über den Tod hinaus bedeutet für das Diesseits eine ganz bestimmte religionskritische Einstellung, die uns sowohl nach innen im Christentum selber wie auch in der interreligiösen Begegnung bevorsteht, nämlich scharf zu unterscheiden zwischen heilsegoistischen und heilsuniversalen Religionen. Das bedeutet für die Religionen, jede Art von Selbstfundamentalisierung aufzugeben und die in ihnen verkündete Liebe und Barmherzigkeit Gottes, ohne die es weder die Bibel noch den Koran gäbe, nicht an die Glaubensgrenzen zu binden, sondern generativ zu verstehen: »Weil es bei uns so ist, gilt das für alle.« Wenn die Religionen nicht in diese Richtung gehen, werden sie von Gesellschaften, die etwas von Humanität und Solidarität halten, für ihren Aufbau nicht beansprucht, sondern in einem dann durch und durch berechtigten Laizismus marginalisiert werden. Wo aber fundamentalistische Heilsreligionen die politische Ordnungsmacht in einem Staat haben, werden sie nicht nur nach innen viel Leid für die Nichtdazugehörigen produzieren, sondern auch jeder Art von globaler Solidarisierung entgegenwirken. Das ist für mich die religionskritische Grundbotschaft des 11. September.

Bucher: Das führt zur Frage des Verhältnisses der Religionen zueinander und zur Frage des christlichen Bekenntnisses und seines Verhältnisses zur Pluralität der Religionen. Es gibt dieses berühmte Dreier-Schema Inklusivismus, Exklusivismus, Pluralismus. Wie definierst Du Deine religionstheologische Position?

Ich vertrete gewissermaßen einen religionstheologischen Doppelbeschluss. Zum einen lebt jede Offenbarungsreligion von dem Anspruch, dass sie in ihrem eigenen Bereich von Gott eine Botschaft bekommen hat, die wahrer ist, gültiger ist als die der anderen. Ich halte es für unbedingt notwendig, dass sich die Religionen dieses Recht gegenseitig zugestehen. Interkonfessionell heißt das, dass wir dem Protestantismus zugestehen, dass er bezüglich der Rechtfertigungstheologie die Meinung haben darf, eine bessere Theologie zu haben als die katholische Seite; bei anderen Themen darf es umgekehrt sein.

Zum anderen ist aber gefordert, dass sich dieses »Bessere« auch als etwas Besseres zugunsten der nicht Dazugehörigen auswirkt; dass also mit der eigenen »Überlegenheit« eine Inhaltlichkeit verbunden ist, welche die Universalität des Heils für alle vertritt und niemanden ausgrenzt und dafür auch Unterlegenheit riskiert. Das hat die praktische Konsequenz: Wir müssen selber mit unserer eigenen Existenz dafür einstehen, dass unser »Besseres« auch wirklich für die anderen als etwas Gutes erfahrbar ist, dass es eher uns unter Umständen Gefahr zu bringen vermag zugunsten der anderen, als dass es die anderen in Gefahr bringt. Dann können wir sagen: Hier wird die bessere Wahrheit unserer Offenbarung auch als solche erfahrbar.

Die Behauptung, wir hätten eine tiefere Offenbarung als andere, darf im Grunde nur dann aufrechterhalten werden, wenn diese Behauptung auch praktisch eine bessere Existenz zugunsten des anderen bewirkt, wenn sie also keine Ausschlussqualität in Sachen Solidarität besitzt. Diese Entgrenzung in den Grenzen des eigenen Glaubens zu begründen benötigt eine scharfe Abgrenzung gegenüber denen, die mit dem eigenen Glauben die Missachtung, die Verachtung, am Ende die Zerstörung der Nicht-Gläubigen verbinden. Eine solche Religion wird also nicht profillos, sondern gewinnt ein umso schärferes Profil gegenüber heilsegoistischen religiösen Formen. Mit diesen kann es keine Kompromisse geben.

Bucher: Jetzt wäre christlich der Punkt, wo man Jesus Christus als die Offenbarung Gottes einführen müsste und damit die Frage nach seiner Heilsuniversalität und Heilsunverzichtbarkeit.

Ich glaube daran, dass Jesus Christus nicht nur die Mitte unserer eigenen Offenbarung ist, sondern die Mitte der ganzen Schöpfung (Kol 1,16), dass also alle Wirklichkeit durch die zweite göttliche Person, durch die Weisheit oder welche Bilder man immer nimmt, ermöglicht ist und dass daher alle Wirklichkeit immer schon etwas mit Christus zu tun hat. Indem die Kirche diesen Zusammenhang behauptet, behauptet sie ihn für das ganze Gottesvolk und das heißt: für alle Menschen. Das kann man als Vereinnahmung betrachten, ich sehe es als eine tiefgehende Wahrnehmung des Außen unserer Selbst auf dem Hintergrund unseres eigenen Glaubens.
Hinzu kommt: Ich glaube daran, dass Gott in Christus sich selber in die Pflicht genommen hat, uns nicht unterhalb des Niveaus unseres eigenen Leidens, auch unseres eigenen Bösen zu begegnen. Gott macht sich in Jesus Christus selber zum Leiden und auch zur Sünde, wie es im 2. Korintherbrief heißt,[24] indem er wie der schlimmste Sünder behandelt wird. Gott begegnet uns nicht von oben nach unten. Das ist für mich innerhalb des Christentums das wirklich Überzeugendste, dass Gott nicht schmierentheatermäßig, sondern substanziell auf das Niveau unserer Existenz geht. Gott ist nicht nur in seiner unerschöpflichen Geheimnis-

haftigkeit, sondern auch in seiner konkreten Selbsterniedrigung unendlich unübertreffbarer Gott. Ein Gott, der sich aus allem heraushielte und nur über dem Sternenzelt verbliebe, könnte mir gestohlen bleiben.

Und auch am Jesus der Evangelien selbst kann jener Doppelbeschluss wahrgenommen werden, von dem ich vorhin gesprochen habe: Jesu scharfes Profil besteht gerade darin, dass er die Grenzen zu den Ausgeschlossenen und den Sündern und Sünderinnen überschreitet und ihnen Heilung bzw. Versöhnung bringt. Indem er ein solches Handeln mit dem Glauben an Gott verbindet, grenzt er diesen Glauben *praktisch* von all jenen Glaubensformen ab, die den Gottesbegriff zur Legitimation von Ausgrenzung und Zerstörung der anderen gebrauchen. In dieser Hinsicht gibt es für ihn keine Kompromisse, bis hin zum Kreuz nicht. Jesus stirbt nicht am Kreuz, weil er an Gott glaubt, das tun seine Gegner auch; sondern weil er diesen Glauben mit einer ganz bestimmten, ganz anderen Praxis verbindet. Bis hin zu seiner Vergebungsbitte für die Gegner und Täter (Lk 23,34), also ohne selbst diese auszugrenzen. Die Schärfe der paulinischen Rechtfertigungstheologie liegt ja darin, dass Gott auch für die anderen gestorben ist, auch für die aus unserer Perspektive Gottlosen.

Bucher: Diese Fragen sind ja tatsächlich nach dem 11. September virulent geworden, sind von rein theoretischen zu sehr politisch-praktischen Fragen geworden. Du bist im Gespräch mit dem Judentum und dem Islam engagiert, vor allem in einer praktischen Weise. Welche Erfahrungen aus den letzten Jahren sind für Dich da besonders wichtig geworden in der Begegnung mit anderen Religionen?

Ich kann auf eine Erfahrung zurückgreifen hinsichtlich der Begegnung mit dem Islam, und zwar in Bethlehem, im al-Liqa'-Center, einer Begegnungsstätte zwischen christlichen und muslimischen Palästinensern und Palästinenserinnen. Dort habe ich die muslimischen Teilnehmer und Teilnehmerinnen als Menschen erfahren, die eine große Sehnsucht danach haben, mit anderen Menschen, die nicht ihren Glauben haben, zusammenzuleben, Erfahrungen auszutauschen und dabei die entscheidenden Herausforderungen des Lebens in diesem Kontext gemeinsam zu tragen. Das hat mich beeindruckt und diese Erfahrung wünschte ich eigentlich vielen. Es ginge darum, dass wir von einem elitebezogenen interreligiösen Dialog hin zu einem solchen basisbezogenen interreligiösen Dialog kommen, in dem es um Lebensprobleme geht.

Ich bin überzeugt: Wenn es in Europa mehr Kontakte zwischen christlichen und muslimischen Menschen, Gruppen, auch in kirchlichen Gemeinden gäbe, etwa auf der Ebene der Nachbarschaftshilfe, dann würde auch eine Basis der gegenseitigen Solidarität entstehen. Dann kann geschehen, was Norbert Lohfink erzählt wurde: Auf dem Hintergrund einer herzlichen nachbarlichen Freundschaft sagt eine türkische Frau zu ihrer christlichen Nachbarin: »Was habe ich Sie so gern. Schade, dass wir nicht im Paradies beisammen sein können.« Direkte Begegnung macht die eigene Dogmatik zum Problem und öffnet sie vielleicht für die unendliche Barmherzigkeit Gottes, die auch im Koran eine große Rolle spielt.

Diese Art von Vernetzungsarbeit halte ich für elementar und für unverlierbar tragfähig, wenn es um das Aushalten von Unterschieden, auch um die Lösung von Konflikten geht. Als praktischen Theologen geht es mir nicht nur um

den interreligiösen Dialog, den ich sehr schätze, sondern um die Praxis des gemeinsamen Lebens.
Zum Beispiel verwirklicht sich gegenwärtig im Caritasbereich ein für viele unvermeidbarer interreligiöser Kontakt in ganz bestimmten Krisen und Grenzsituationen von Geburt, Krankheit, Armut, Ausgrenzung und Tod, und zwar nicht nur hinsichtlich der Menschen aus verschiedenen Religionen, die Hilfe benötigen, sondern auch zunehmend hinsichtlich der Mitarbeiter und Mitarbeiterinnen. Während der interreligiöse Dialog erst zum Bedürfnis gemacht werden muss, geschieht hier die interreligiöse Praxis von vornherein um vitaler Bedürfnisse willen. Hier komme ich gut ins Gespräch mit der Konzeption der Religionswissenschaft als einer über die Bewusstseinswissenschaft hinausgehenden Handlungswissenschaft, gewissermaßen einer Religionswissenschaft von unten, die die allgemeine humanistische Orientierung der Religionswissenschaft auf eine bestimmtere Perspektive der Gerechtigkeit und Solidarität im praktischen Verhältnis der Religionen zueinander und zur jeweiligen Gesellschaft konzentriert.[25]

Bucher: Wenn man die drei so genannten »abrahamitischen Religionen« nebeneinanderstellt: Wo liegen die spezifischen Stärken der drei Religionen und wo können diese drei Religionen voneinander lernen?

Gerade mit Bezug auf das Judentum möchte ich vor allem für uns Deutsche bemerken: Es darf auch jene Räume geben, wo wir nichts voneinander lernen, wo eine Grundsolidarität gegenüber dem Anderen herrscht, die sich nicht abhängig macht von einem gegenseitigen Verstehen. Bei einem Großteil der jüdischen Mitmenschen gibt es überhaupt kein Interesse, mit uns bezüglich Religion in ein Gespräch zu kommen. Das ist zu akzeptieren und das ist als integraler Bestandteil des interreligiösen Dialogs zu sehen. Damit wird auch deutlich, warum dieser Begriff nicht ausreicht, weil er doch eine geheime Bedingung aufstellt: Nur wenn wir dialogisch miteinander umgehen, vertragen wir uns.

Nein, es ist umgekehrt. Es gibt andere Wege des Miteinanders, des »Sich-gegenseitig-Stärkens« und des »Solidarisch-miteinander-Existierens«. Es muss auch mit jenen, mit denen wir keinen Dialog führen können, Zusammensein und Solidarität geben. In dem Maß, in dem wir uns auf Augenhöhe gegenseitig anerkennen in unserem Existenzrecht, noch bevor jemand bewiesen hat, dass man ihn verstehen kann oder dass man etwas von ihm lernen kann, wird dann die Beziehung eröffnet, aufgrund derer wir erst entdecken werden, was wir voneinander lernen können.

Wenn das gesagt ist, kann auch das andere gesagt werden: In den Erzählungen der Chassidim bewundere ich, mit welch intellektueller Schärfe und mit welch tiefem Humor Beten und Leben wahrgenommen und auf das Entscheidende zugespitzt werden. Mich beeindruckt sehr die sperrige Auseinandersetzung jüdischer Philosophen und Theologen, etwa Wiesel, Fackenheim, Jonas u.v.m., mit der Shoa, Auseinandersetzungen, die Gott und den Menschen nichts ersparen. Im Alten Testament erstaunt mich immer wieder, wie sich Gott in den Reichtum, aber auch in die tiefsten Schattenseiten menschlichen Lebens hineinbegibt, wie er darin mitgeht und mit nie aufgegebener Treue alles überholt. Vom Koran wäre vor allem die Betonung der Barmherzigkeit Gottes zu lernen, verbunden mit der »Rechtleitung« des Menschen, dass es wirklich auf die praktische Gestaltung des Lebens ankommt, einschließlich dessen, was uns Muslime und Musliminnen vorleben: Spiritualität, Ordnung im eigenen Gebetsleben, eine Kultur der Feste und des Fastens. Es ist so, dass in unseren Schulen christliche Schüler und Schülerinnen auf Grund der religiösen Profiliertheit der muslimischen Schüler und Schülerinnen auch wieder neu danach fragen, was ihr eigenes christliches Profil ist. Im Zusammenhang mit meinem Buch über das Jüngste Gericht haben mir Lehrer und Lehrerinnen erzählt, dass die Muslime eine klare Vorstellung von Gericht und Himmel besäßen, während wir fast gar nichts dazu sagen können. Was sagen wir anderen, wenn sie uns fragen?

Bucher: Im Wintersemester 1998 bist Du nach Tübingen gegangen, einem Ort großer Theologiegeschichte, evangelisch wie katholisch. Wenn ich richtig sehe, hast Du Dich in Tübingen mit zwei großen Themen beschäftigt: einerseits mit dem Amt, andererseits mit dem Gericht. Es sind eher systematisch-theologische Themen, die Du praktisch-theologisch reformulierst. Was fasziniert Dich an diesen Themen?

Es war ja nicht selbstverständlich, dass ich nach Tübingen ging. Ich war gern in Bamberg, sowohl in der Stadt als auch in der Universität, und man hätte mich auch gern in Bamberg behalten: Die Studierenden organisierten dafür sogar einen Fackelzug. Außerdem war ich kurz davor, den Ruf nach Graz zu bekommen. Die Entscheidung war nicht leicht. Den Ausschlag gab mein Wunsch, noch einmal an einem anderen Ort mit anderen KollegInnen, mit anderen Studierenden, in Kooperation mit evangelischen KollegIn-

x Amt und Gericht

nen im gleichen Haus – wie dies in Tübingen der Fall ist – zu einem neuen Schub in Lehre und Forschung herausgefordert zu werden. Hierfür schien mir Tübingen der naheliegende Kontext zu sein. Es war anfangs tatsächlich nicht leicht, da ja vieles neu war, einschließlich des schwäbischen Dialekts und der alles überbordenden Spätzle, völlig von fränkischen Klößen verlassen.

Ohne meinen Bibel- und Exegesebezug zu schmälern, auch in direkten Kooperationen mit meinen exegetischen Kollegen, habe ich in Tübingen einen weiteren Schwerpunkt auf die Zusammenarbeit mit den Kollegen in der dogmatischen Theologie gelegt. Man könnte die dabei geschehene Themengenerierung als eine »Dogmatik bei Gelegenheit« bezeichnen. Das heißt: Die Anlässe, warum ich mich mit diesen Themen beschäftige, sind immer pastorale gewesen. Das Gerichtsthema reicht bis in meine Kaplanszeit hinein, wo ich diese Ängste in Bezug auf den Tod und auf das, was danach kommt, gerade auch auf die Hölle hin, selbst wenn sie angezweifelt oder abgelehnt wird, nicht nur bei älteren Leuten unglaublich vital erlebt habe. Seitdem hat mich diese pastorale Fragestellung nicht mehr losgelassen. Im Grunde ist es die Aufarbeitung eines kollektiven Traumas der Kirchengeschichte, dieser jahrhundertealten Angst vor einem gnadenlos strafenden Gott, mit der Angst vor dem unvorbereiteten Tod. Das steckt tief, nach den Untersuchungen von Mentalitätshistorikern auch bei den nicht mehr zur Kirche dazugehörigen Menschen. Sie projizieren auf die Kirchen immer noch die religiöse Angst, obgleich sie gar keine direkte Erfahrung davon haben und auch nicht wahrnehmen können, dass in den Kirchen seit einem halben Jahrhundert über Gericht und Hölle fast gar nicht mehr gesprochen und gepredigt wird. Bestimmte Me-

dienprodukte und Filme tun das ihrige, diese Projektionen aufrechtzuerhalten.
Gerade hier ist mir einmal mehr klar geworden: Dieses Thema kann nicht nur biblisch aufgearbeitet werden. Ich wollte wissen: Wie sieht es wirklich aus, wenn sich Dogma – von den »Letzten Dingen« – und Pastoral gegenseitig erschließen, etwa in Bezug auf die Sehnsucht nach Gerechtigkeit. Es galt die gesamte Grundlage der Pastoraltheologie, also ihre drei konstitutiven Säulen ernst zu nehmen: die Bibel und das, was systematisch-theologisch gelehrt und in Dogmen gefasst wurde und ob das jetzt eine Lebensbedeutung hat oder nicht, wie also die Erfahrungen und Hoffnungen der Menschen darin vorkommen und ihrerseits der Lehre neue Gestalt geben dürfen.

Krockauer: Typisch für Deine Theologie ist ja auch, dass Du frühzeitig die Fächerbindung aufhebst und Dich als ein praktischer Theologe verstehst, der einen ganz direkten Zugriff auf bibelwissenschaftliches, dogmatisches oder fundamentaltheologisches Terrain ausübt. Ist das die Zukunft der Praktischen Theologie, dass sie aus dem Terrain der Disziplinbindung ausbricht und ein praxisverbundener Theologe mehr und mehr zu einer Art Universalgelehrter wird?

Dietmar Mieth hat einmal zu mir gesagt: »Du bist der letzte Universalgelehrte!« Aber das stimmt natürlich nicht und war sicher auch nur halb ernst gemeint, weil es in unserem Fach immer um Punktualität geht. Aber es ist etwas dran: Es gibt im Grunde kein Verbot, es gehört zur Pastoraltheologie alles, was mit Leben und Denken zu tun hat, da gibt es keinen Ausschluss. Wenn man allerdings einen Bereich gewählt hat, dann hört sich jede Universalität auf, denn dann muss punktuell die dann fällige interdisziplinäre Konstellation und Methodik entschieden werden.

Krockauer: Gibt es Teile, die Du ausgeblendet hast?

Ja, allein deshalb, weil man nicht alles machen kann. Prinzipiell ist nichts ausgeschlossen, aber ich kann natürlich auf Grund der eigenen Ressourcen nur begrenzt agieren. Deswegen ist die Vernetzung *in* der Praktischen Theologie so wichtig. Diese Freiheit genieße ich, und die habe ich mir auch immer genommen und auch meinen Schülerinnen und Schülern gegeben, je nach selbst gewähltem Themenbereich mit theologischen Disziplinen und den einschlägigen Humanwissenschaften Kontakt aufzunehmen.

Bucher: Das gibt mir jetzt die Gelegenheit, ein Wanderzitat von Dir hervorzuholen. Ich verwende es manchmal, wenn ich gefragt werde, ob das, was wir jetzt machen, noch Pastoraltheologie sei. Dann sage ich: »Ottmar Fuchs hat auf diese Frage geantwortet: ›Das, was wir machen, ist Pastoraltheologie‹.« In welcher Hinsicht ist das richtig?

Das ist in jener Hinsicht richtig, dass es keinen Wirklichkeitsbereich gibt, der aus dem Praxisbegriff und damit aus unserer Wissenschaft herausfällt. Man muss freilich betonen, damit das Missverständnis einer Universalwissenschaft, die sich alles einverleibt, nicht aufkommt, dass das im Vollzug nur an einem spezifischen Wirklichkeitsbereich und in interdisziplinärer Kooperation geschehen kann. Wenn ich mich beispielsweise mit Gefängnisseelsorge beschäftige, dann ist das der Ort, von dem alles ausgeht: Mit welchen Humanwissenschaften muss ich Kontakt aufnehmen, mit welchem theologischen Nachbar, mit welchen Personen aus diesem Praxisbereich muss ich reden? Die Pastoraltheologie bildet die Plattform, wo diese Begegnungen geschehen. Alles mit der zukunftsgerichteten Frage danach, welche Entscheidungsmöglichkeiten, Gestaltungsmöglichkeiten es für die Zukunft gibt. In diesem Rahmen kann ich alles machen, ist nichts verboten.

Krockauer: Wenn ich es richtig sehe, hat sich bei Dir biographisch vor allem eine Nähe zu den Sozialwissenschaften und zur Literaturwissenschaft hergestellt. Wie erklärt sich das?

Ich bin gerade dabei, einen Band fertigzustellen, wo ich Neues und auch Altes zum Verhältnis von Literatur und Theologie publizieren will.

Krockauer: Ist das die frühe Liebe zu Karl May?

Das kann durchaus sein! Er war besonders prägend, von der Kindheit her.

Bucher: Dazu musst Du etwas sagen. Du hast in Bamberg ja über dem Karl-May-Museum gewohnt.

Ja, vier Jahre lang, dann ist es – wenige Jahre nach der Wende – umgezogen nach Radebeul. Ich habe in Bamberg ein Karl-May-Seminar mit der Islamwissenschaftlerin Rotraut Wieland gemacht.[26] Uns ging es vor allem um den Toleranzbegriff, um die interreligiöse Haltung bei Karl May in seinen Orient-Bänden den Muslimen gegenüber. Für das 19. Jahrhundert war das ganz beachtlich. Man kann dort schon als Kind seitenweise Texte des Korans lesen. Aber es ist natürlich auch klar, dass die Muslime aus dem Verstehens- und aus dem Inhaltshorizont des Christentums heraus beurteilt werden. Alles, was bei ihnen gut ist, ist eigentlich das, was unsere Identität, ausmacht und umgekehrt. Fremdes, Unverständliches wird in diesem Toleranzrahmen nicht aufgenommen. Aber selbstverständlich geht mein literarisches Interesse über Karl May hinaus. Als kleiner Hobbyanglist liebe ich auch manches im englischen Bereich.

Was mein Verhältnis zur Soziologie betrifft, kommen wir in der Praktischen Theologie vor allem nicht ohne die empirische Sozialwissenschaft in ihren unterschiedlichen Zweigen und Methoden aus. Denn eine angemessene und nicht eingebildete Vorstellung von der Wirklichkeit ist immer die allererste Grundlage pastoraltheologischer Forschung. Allerdings: Wenn es schon in der Soziologie zunehmend Stimmen gibt, die sich nicht nur auf die empirische Forschung konzentrieren, sondern auch inhaltliche Horizonte diskutieren, in denen das Erforschte um einer besseren Gesellschaft willen evaluiert wird, dann gilt das umso mehr für die Praktische Theologie. Sie jedenfalls kann sich um ihrer zukunftsorientierten Praxisverantwortung willen nicht auf die empirische Tätigkeit reduzieren. Sie kann ihren Beratungsdienst für die jeweiligen Praxisbereiche nur ausüben, wenn sie selbst Position bezieht und die Beurteilung der empirischen Ergebnisse nicht ausschließlich auf die Praktiker und Praktikerinnen abwälzt. Erst in dem Zusammenhang kann dann auch die Soziologie nicht nur für die Wahrnehmung, sondern auch für die Gestaltung von Wirklichkeit ein wichtiger Gesprächspartner werden, wenn auch mit kritischen Anteilen ihren Vorannahmen gegenüber.

Ich wehre mich schon gegen jene Richtungen in der Praktischen Theologie, die sich nur als empirische Wissenschaften verstehen und sich dem empirisch Erhobenen gegenüber nicht noch einmal wertorientiert verhalten – also mit einer eigens verantworteten pastoraltheologischen Würdigung, die selbst wissenschaftlich diskursive Qualität hat und erst das Gespräch über kooptierbare, also vergleichbare Optionen ermöglicht.

Krockauer: Nochmals zurück zu Deiner frühen Liebe zur Literatur, auch um der Literatur willen und nicht nur um der Rezeption theologischer Inhalte willen?

Das Heikle besteht ja gerade darin, Theologie und Literatur so miteinander ins Gespräch zu bringen, dass keine Seite die andere für die eigenen Ziele instrumentalisiert. Zum Verhältnis von Theologie und Literatur gibt es ein Buch von Dorothee Sölle, das in der Theologie leider kaum rezipiert wurde. Es ist ihre Habilitationsarbeit in der Literaturwissenschaft mit dem Titel »Realisation«[27]. Unter Realisation versteht sie die weltliche Konkretion dessen, was in der Sprache der Religion gegeben oder versprochen ist. In der Literatur wird nicht-religiös realisiert, was mit der Wirklichkeit zu tun hat, die die Theologie in ihrem Sprachspiel ganz anders formuliert. Beides steht für sich, benötigt sich nicht, um wertvoll zu sein, und gerade deswegen erschließt es sich in manchen, oft nur hauchzarten Berührungen oder auch darin, dass es sich nicht berührt.

Krockauer: Das betrifft dann nicht nur die Literatur, das betrifft auch Film, Theater usw.

Ja, aber vom Film verstehe ich zu wenig. Ich bin immer ganz begeistert, wenn andere sich mit dem Verhältnis von Film und Theologie beschäftigen.

Bucher: Die Zeit, die Dir als Theologe bleibt, wie möchtest Du sie nutzen, was möchtest Du noch anpacken? Welches Thema, welche Felder stehen für Dich noch aus?

Für mich steht noch eine spannende Arbeit aus: eine ganz eigenartige, etwas andere, nicht summarisch-curriculumsbezogene Einführung in die Praktische Theologie zu schreiben. Das möchte ich noch tun. Vielleicht ist es ganz gut, dass ich sie bisher noch nicht geschrieben habe.

Bucher: Am Ende also der Weg in die Elementarisierung?

Elementarisierung im Sinne eines neuen, hoffentlich kreativen Entwurfs, der das Elementare trifft.

Bucher: Und wenn man den Begriff »Projekt« weiter fasst, im Sinne dessen, was Du im weiten Feld dessen, was für Dich Praktische Theologie ist, noch machen willst?

Ich würde gerne ein Buch über William Blake schreiben, den englischen Romantiker. Das ist ein Rückgriff auf jenen frühen Ort, wo ich Blake kennengelernt habe, nämlich in der »Gott-ist-tot-Theologie« bei Thomas Altizer. Es ist die Auseinandersetzung mit dem Vatergott als herzlosem Demiurgen und mit dem Gotteskind Jesus als dessen Gegenteil, letztlich eine literarische Weiterführung der Klage und der trinitätstheologischen Frage, wie sich die Zerrissenheit

der Welt in Gott selbst widerspiegelt. Also etwas ganz anderes, was aber vielleicht gar nicht so anders ist.
Zunächst werde ich ja noch ein paar Jahre an der Tübinger Fakultät sein. Was ich dann tun werde, ob ich mich mehr auf das Schreiben verlege oder ob ich mich noch einmal in eine Solidarisierung im Zusammenhang einer ganz bestimmten sozialen bzw. pastoralen Praxis hineinbegebe, das weiß ich noch nicht.

Krockauer: Wir sind jetzt die 64 Lebensjahre entlanggegangen, und viele Deiner wissenschaftlichen Themen haben sich aus der Zeitanalyse oder, theologisch gesprochen, aus dem Lesen und Deuten der Zeichen der Zeit her entwickelt. Wir sind im Jahr 2009 angekommen: Welche Zeichen der Zeit des Jahres 2009 fordern Dich zu einer pastoralen Antwort, zu einer pastoralen Deutung heraus?

Da ist einmal die Herausforderung des Interreligiösen, der interreligiösen Religionskritik. Kann es nicht möglich sein, dass die Religionen in ihrer je eigenen Identität die universale Geltung der bezüglich des eigenen Gottes verkündeten Barmherzigkeit entdecken? Die Religionen haben für einen solchen Außenbezug eindrucksvolle Ressourcen, so dass gerade von Religionen her eine Solidaritätsbasis entsteht, ein Kampf gegen Neufundamentalisierung, gegen Neuausgrenzung zwischen und in den Religionen; daran weiterzuarbeiten wäre für mich ein großes Anliegen.
Das andere ist der politische Teil dieses gleichen Zusammenhanges, bei aller Hilflosigkeit dann doch ein bestimmtes soziales und politisches Engagement mit anderen zu suchen, damit Solidarisierung von unten möglich und damit möglichst verhindert wird, dass in zehn Jahren Milliarden

von Menschen als »Auswurf« gelten, weil sie für die kapitalistischen Überstrukturen nur noch überflüssige Belastung sind und für nichts mehr benötigt werden. Vielleicht steht das noch mehr an als das Schreiben. Aber auch das Schreiben kann selbstverständlich solidarisches Handeln sein.

Bucher: Was möchtest Du, dass man, in einen Satz gefasst, über den Theologen Ottmar Fuchs einmal sagt?

Ein verrückter Kerl, aber die Richtung hat doch irgendwie gestimmt.

II. Theologie – biographisch reflektiert

1. Freiheit

Bucher: In unserem Gespräch zu Deiner Biographie wird deutlich, wie sehr Dir die Realisation der eigenen Freiheit von Anfang an wichtig war. Freiheit wird nun nicht unbedingt als Erstes mit christlicher Religion assoziiert und mit ihrer katholischen Fassung schon gar nicht. Welche Rolle spielt Freiheit in einer christlichen, in einer katholischen Existenz?

Biographisch geantwortet: Ich bin schon jemand, der eine starke Sehnsucht nach Freiheit hat. Auch dort, wo ich mich entschieden habe für etwas, habe ich in den neuen Räumen der Entscheidung wieder neu für Freiheit gekämpft. Nach der Entscheidung zum Theologiestudium habe ich in diesem Studium dann für die Freiheit des Denkens in der Theologie gekämpft oder nach der Entscheidung zur Priesterweihe dann für die Freiheit in dem, was Priestersein heißt. Nach jeder Entscheidung, die ja immer ein Verlust an Auswahl von Alternativen ist, beginnt dann immer auch ein neuer Kampf um Freiheit in einem neuen Raum – bis heute.
Bei der Frage nach der christlichen Existenz ist mir wichtig zu sagen, dass es Gott sehr wichtig ist, seine Schöpfung in die Freiheit zu entlassen. Wir haben in der Dogmatik ja Inhalte, die genau das benennen, zwar manchmal missverständlich, aber sie halten die erschreckende Einsicht fest, dass es sich Gott sogar das Böse kosten lässt, um uns nicht in die Marionettenabhängigkeit zu entlassen, sondern in die Freiheit. Warum es das Böse gerade sein muss, um diese Freiheit zu ermöglichen, das bleibt offen und es bleibt

als Klage offen. Man wird ja nicht erwarten, dass der kommende Himmel ein Ort der Unfreiheit und der Marionetten ist. Warum Gott nicht von vornherein Freiheit und Wohlergehen für alle und Leidlosigkeit zusammenbuchstabiert, ist eine eigene Frage, die nicht zu beantworten ist. Aber die Botschaft ist deutlich: In dieser Geschichte Gottes mit den Menschen ist die Freiheit wirklich etwas unglaublich Kostbares, die Fähigkeit des Einzelnen, aus einem Raum von Potenzialität auswählen zu dürfen. Es ist dann geschichtlich sehr unterschiedlich und immer auch eine Frage des politischen Kampfes, welche Räume von Freiheit Menschen zur Verfügung haben. Aber es bleibt diese – begrenzte – geschichtliche Erfahrung des Glaubens daran, dass Gott nicht nur die Summe aller Wirklichkeit, sondern die Summe alles Möglichen ist – man kann es sich nicht vorstellen, aber es ist zu denken in der Allmacht Gottes. Vielleicht wird uns einmal gezeigt, was alles hätte auch sein können, wenn …

Bucher: Noch einmal aus der Perspektive des Einzelnen: Was ist das Geheimnis, die Faszination der Freiheit? Gibt es letztlich sogar eine Nähe zu Gott in der Freiheit?

Ja. Es gibt eine Nähe zu der Kreativität Gottes, die er nach unserem Glauben ja unendlich in sich hat. Die Schöpfung ist ein von Gott selbst in die Freiheit entlassener Niederschlag genau dieser Kreativität. Ernst Käsemann hat einmal von den Freigelassenen der Schöpfung gesprochen. Freiheit ist im Grunde etwas von dem, was Gott der Schöpfung gegenüber, was sein Geist auch in uns gegenüber dem eigenen Leben, den Menschen und der eigenen Arbeit, auch gegenüber Gott selbst ist. Sie ist etwas Göttliches, diese Freiheit.

Bucher: Die europäische Gesellschaftsgeschichte hat sich in den letzten 300 Jahren auch als Freiheitsgeschichte begriffen und in einer gewissen Weise war sie das auch. Die katholische Kirche hatte zumindest bis zum II. Vatikanischen Konzil mit dieser Freiheitsgeschichte ihre Probleme, die Kirche hat vor der Freiheit vor allem gewarnt. Vieles davon war zeitbedingt und apologetisch. Aber: Worin liegt der wahre Kern dieser Warnungen?

Der wahre Kern – wenn es nicht aus Herrschaftsinteresse geschehen ist oder geschieht – der kirchlichen Warnungen war einfach die Sehnsucht, den Missbrauch der Freiheit zu verhindern, letztlich durch Gehorsamsforderung oder gar durch Zwang. Das Problem ist nur: Über den Zwang wird dann wieder in einer anderen Weise der Missbrauch der Freiheit eingeführt. Dem ist aber eben entgegenzusetzen, dass das Risiko des Missbrauchs offensichtlich wichtiger ist, als Menschen zum Guten zu zwingen.

Bucher: Du hast einmal gesagt: »Gott ist die Freiheit lieber als der Gehorsam.«

Ja. Gott ist die Freiheit lieber als der Gehorsam – jedenfalls zeigt das die biblische Offenbarung, dass Gott selber, wenn man es aus menschlicher Perspektive formuliert, in der Bibel lernt, dass er mit Zwang bei den Menschen nichts Nachhaltiges ausrichtet. Das geht alles schief, was über die Zwangsstruktur läuft. Die letzte Aussage vom Kreuz her ist, dass alle – auch die Sünder und Sünderinnen – bedingungslos von Gott geliebt sind, unter allen Bedingungen ihrer Freiheitsbeanspruchung. Das ist die Quelle der christlichen Freiheit. Nur unbedingte Liebe trägt die Freiheit und gibt ihr zugleich, in der Nötigung zur Solidarität, ihre inhaltliche Ausrichtung.

Bucher: Wo hat dann der christliche Gehorsam seinen legitimen Ort, seine Notwendigkeit?

In der freien Entscheidung zu einem Gehorsam, der die Freiheit anderer ermöglicht, der die eigene Freiheit, die eigenen Ressourcen zugunsten der sozialen Ermöglichung der Freiheit der anderen einsetzt. Religiös konkret wird ein solcher Gehorsam zum Beispiel in der Nachfolge Christi. Das kann dann bis hin zum Widerstand gehen – und das ist ein freier Entschluss –, bis hin zur Hingabe des eigenen Lebens. Freiheitsbeseitigung tendiert immer hin zur Lebensbeseitigung; sich dagegen zu wehren ist dann immer ein ganz harter Kampf.

Krockauer: Du hast mehrfach die Potenzialität des Menschen erwähnt, die Dich erstaunt und erschreckt hat, die Potenzialität zum Bösen, etwa als der zehnjährige Ottmar Fuchs die Bilder der Konzentrationslager sieht. Kennst Du auch das Erstaunen über die Potenzialität zum Guten, zur Genialität angesichts des Lebenszeugnisses des Menschen für das Gute?

Ja, und zwar sehr stark, etwa angesichts von Menschen, die sich mit aller Kreativität einsetzen für die Freiheit der anderen, intim bis politisch, in welchen Bereichen auch immer. Es gibt sie auch in Bezug auf eindrucksvolle Personen, auf die wir hindeuten können und bei denen wir wahrnehmen können, was sie in einem ganz bestimmten Zwangszusammenhang geleistet oder getan haben zugunsten der anderen, aber auch zugunsten ihrer eigenen integren Identität, also im Gehorsam ihrer eigenen inneren Stimme gegenüber. Sie haben ihre Freiheit wahrgenommen zu protestieren im Sinne eines Zeugnisses für die Freiheit, auch wenn sie dabei ihre Freiheit verlieren.

Krockauer: Wie wichtig ist hier die Tradition als Quelle, die Freiheit in eine bestimmte Richtung hinein wahrnehmen zu können?

Sie ist wichtig, indem sie eine Erinnerung bereithält, eine ganz bestimmte, eben auch gefährliche Erinnerung. Denn in dem Maß, in dem wir uns für die Freiheit der anderen einsetzen, kostet das in unterschiedlichen geschichtlichen Situationen eine ganze Menge.
Und da kann man dann auf durchaus verrückte Personen in der Vergangenheit hindeuten. Zum Beispiel auf die heilige Elisabeth von Thüringen, weil sie etwas Normwidriges getan hat, was aber gerade heute das Lebenswichtigste wäre: Sie überträgt die Solidarität, die jeder Mensch in Bezug auf die eigene Familie ganz natürlich empfindet, mit der gleichen Wucht an Liebe auf diejenigen, die sie nicht kennt, und zwar weil sie leiden, etwa auf einen Aussätzigen. Bezeichnend ist die Geschichte, in der sie den Aussätzigen ins Ehebett legt, an die Stelle des Mannes, der auf Kriegstour ist. Sie macht damit deutlich: Er, der Aussätzige, gehört jetzt zum innersten Bereich, er ist der Verwandte, der Verwandteste, weil in ihm Christus selber daliegt. Dies signalisiert einen buchstäblich notwendigen Zusammenhang: Sich für die Freiheit, für die Unversehrtheit des anderen einzusetzen, mit der gleichen Energie an Liebe, wie Eltern auch heute noch für ihre eigenen Kinder ihr Le-

ben einsetzen würden. Das ist das Verrückte der Elisabeth. Darin gehorcht sie ihrer Berufung und riskiert den Verlust ihrer Standesfreiheit.

Krockauer: Diese Erinnerung oder die Bindung an diese Tradition ist natürlich ein kritischer Einspruch in die Gegenwart hinein, wo Freiheit oft auch in Narzissmus oder Egoismus münden kann.

Ich bin nicht gegen Begriffe der Selbstverwirklichung, aber es ist die Frage, in welcher inhaltlichen Dynamik sie abläuft. Auch für Menschen, die ihr Leben hingeben, bedeutet diese Selbstverausgabung die Rettung der eigenen Integrität in einer bestimmten Herausforderung. Die Flucht davor wäre Selbstverlust.

Bucher: Wer sind die Feinde der Freiheit – außer der offenkundigen Repression? Vor allem: Wer sind die schleichenden Feinde der Freiheit?

Der schleichende Feind der offenherzigen Freiheit, den ich im Moment als am schlimmsten empfinde, kirchlich, aber auch in anderen Organisationen, ist, wenn Widerstand mit Gemeinschafts- oder Liebesentzug bestraft wird, wenn Anderssein bestraft wird. Wenn in der Familie der Vater sagt: »Wenn Du den heiratest, stellst Du Deine Füße nicht mehr unter meinen Tisch.« Aber das gilt auch für die anderen Sozialgestalten. Das ist eine der schlimmsten Möglichkeiten, Freiheit zu knebeln, weil dann das Überleben in einer Gemeinschaft an ein bestimmtes Zustimmungsverhalten gebunden wird. Und damit ist die Lebensbasis der »offenen Gesellschaft« und ihrer Freiheit zerstört.

Bucher: Es gibt Schlüsselsituationen des Lebens, wo man sich entscheiden muss, wo die eigene Freiheit gefordert ist: Welche Beobachtungen zum Umgang mit Freiheit hast Du, etwa als Seelsorger, gemacht, bei jungen Menschen, aber auch bei älteren? Wird Freiheit wirklich extensiv in Anspruch genommen, oder eher zu wenig? Bei wem beobachtest Du was?

Ich kann es einmal für den Bereich von Studierenden sagen. Ich möchte Studierende gerne ermutigen – ich tue das dann auch bei Abituriententagen und Ähnlichem –, ihre Studienwahl nicht unmittelbar abhängig zu machen von der Berufsorientierung, indem sie gleich fragen: »Wo habe ich Chancen und wo nicht?« Da beginnt schon das Nichtwahrnehmen der eigenen Freiheit. Vielleicht steigert sich dann das Risiko, im Moment weiß ich aber ja gar nicht, wo das Risiko wirklich liegt: Ein Fach, das jetzt tolle Anstellungschancen hat, kann in fünf Jahren völlig vernagelt sein. Das heißt, ich kann das gar nicht mehr wirklich berechnen.
Dann darf ich aber auch die Freiheit schon aus diesem Grund, weil ich es nicht mehr berechnen kann, wahrnehmen. Allein schon deshalb möchte ich die jungen Leute ermutigen, das zu studieren, was sie spannend für sich finden – und so ihre eigene Freiheit auszukosten.

Krockauer: Das bedeutet natürlich auch den Mut zum Risiko?!

Ja. Und anders als meine Generation, die wenig Anstellungsprobleme hatte, sind sie heute zum Risiko »verdammt«, sie können das Risiko ja generell nicht ausschließen, auch wenn sie etwas studieren, das jetzt sicher ausschaut – das kann nämlich in wenigen Jahren ganz anders sein.

Bucher: Spätestens seit dem deutschen Idealismus, speziell mit Friedrich Schiller, hat Freiheit zwei Konnotationen. Die eine bezieht sich auf eine innere Größe: »Der Mensch ist frei geschaffen, ist frei, und würd' er in Ketten geboren.« Andererseits ist Freiheit aber auch eine Kategorie der Rebellion, der Grenzüberschreitung. Beides sind nicht unproblematische, aber faszinierende Bestimmungen von Freiheit. Wie bist Du mit diesen Ambivalenzen des Freiheitsbegriffs umgegangen? Freiheit als etwas Inneres oder etwas Äußeres, das immer auch Grenzüberschreitung bedeutet und damit Konfliktrisiko?

Ich denke, ich habe es noch nicht so nötig gehabt, ich war nicht wirklich in Ketten und musste dann auch nicht eine innere Freiheit dagegen entwickeln. Aber ich habe es wahrgenommen bei anderen, wenn Lichtenberg[28] zum Beispiel im Gefängnis sagt: »Ich nehme meine innere Freiheit wahr: Die Gefängniszelle ist jetzt meine Klosterzelle.« Das ist das Umdefinieren einer Notsituation im Horizont einer eigenen Freiheit. Selbst noch in einer solchen Notsituation greife ich darauf zu und definiere sie als andere Wirklichkeit um. Das geht natürlich nur bis zu einem gewissen Grad, ist aber möglich, wie das Beispiel zeigt. Ich habe im eigenen Leben bislang keine Kultur dieser inneren Freiheit entwickeln müssen, ich habe sie eigentlich immer zugleich als eine äußere Freiheit erleben, zumindest mit Hoffnung erkämpfen dürfen.

Damit komme ich zum Zweiten. Die Rebellion, das ist etwas, was ich wirklich immer wieder angezettelt habe und wozu ich auch stehe. Der springende Punkt ist dabei, dass man sich in die Dialektik von notwendiger Positionsbestimmung auf der einen Seite und dem Bewusstsein der Selbstbegrenzung auf der anderen Seite hineinbegibt. Es gibt nicht nur eine Elefantiasis der etablierten Macht, sondern auch eine Elefantiasis der Rebellionsmacht.

Krockauer: Auch im Sinne einer Selbstüberschätzung?

Ja genau. Das habe ich aber erst im Lauf der Jahre so richtig kapiert: dass ich nochmal alles in das Geheimnis Gottes zurücklege und den letzten Anspruch auf die Wahrheit dieses oder jenes Zusammenhangs nicht erhebe. Aber gleichwohl den Widerstand setze.
Ich denke in diesem Zusammenhang immer an Dietrich Bonhoeffer, als er 1939 in New York vor der Entscheidung steht, in den USA zu bleiben oder in das Nazideutschland zurückzukehren. Ohne es seinen Freunden und auch sich plausibel machen zu können, weiß er sich in einer letztlich nicht durchschaubaren Weise gedrängt, die USA zu verlassen. So schreibt er am 20. Juni 1939 in sein Tagebuch: »Für mich bedeutet es wohl mehr, als ich im Augenblick zu übersehen vermag. Gott allein weiß es. Es ist merkwürdig, ich bin mir in all meinen Entscheidungen über die Motive nie völlig klar. Ist es ein Zeichen von Unklarheit, innerer Unehrlichkeit oder ist es ein Zeichen dessen, dass wir über unser Kennen hinausgeführt werden, oder ist es beides? Zuletzt handelt man doch aus einer Ebene heraus, die uns verborgen bleibt … Am Ende des Tages kann ich nur bitten, dass Gott ein gnadenvolles Gericht üben möge über diesen Tag und allen Entscheidungen. Es ist nun in seiner Hand.«[29]

Freiheit, die sich nicht selbst totalitär gibt, verwurzelt sich im Geheimnis Gottes. Sie ereignet sich in einer Entscheidung, die zwar alle Argumente durchgesprochen hat und die argumentative Ebene nicht geringschätzt, die aber dennoch über sie hinausgreift und sich damit nicht mehr selbst rechtfertigen kann, sondern ihren Wahrheitswert vertrauensvoll in das Geheimnis Gottes legt. In solcher Freiheit gründet nicht nur der Schutzraum Gottes vor Verdinglichung, sondern auch der Schutzraum der Menschen vor Be- und Ausnutzung. Diese Einstellung jätet den religiösen Fundamentalismus an seiner Wurzel, nämlich nicht nur gegenüber Menschen absolut Recht haben zu wollen, sondern auch gegenüber Gott. Gott hat dann keine Chancen, noch einmal ganz anders zu kommen, als man sich das ausgerechnet hat. Der eingeforderte Gottesdienst wird so zur Herrschaft über Gott, der in solcher Sicherheit alle Freiheit verliert und nur noch funktioniert.

2. Frömmigkeit

Krockauer: Wir befinden uns an einem Ort mitten in Oberfranken, einem Ort, an dem im Jahr 1445 der Hirte Hermann Leicht eine Offenbarung hatte, eine Erscheinung. Daraus wurde ein Wallfahrtsort, prägend für das Land und die Region: Vierzehnheiligen, Wallfahrtsmekka des Erzbistums Bamberg. Welches Verhältnis hast Du zu diesem Ort im Rückblick auf Deine Biographie?

Ich habe zu zwei Wallfahrtsorten ein intensiveres Verhältnis. Das ist einmal Gößweinstein; das ist ja meiner Heimatstadt Erlangen bedeutend näher, und von Erlangen gab es jährlich die Wallfahrt nach Gößweinstein. Erst in meiner Bamberger Zeit ist mir dann Vierzehnheiligen sehr wichtig geworden.
Von den Wallfahrten nach Gößweinstein, die ich als Kind mit der Mutter von der Pfarrei St. Bonifaz in Erlangen aus gemacht habe – der Vater war wegen seines unregelmäßigen Dienstes seltener dabei –, habe ich eine Erfahrung in mir, die ziemlich stark – oder generativ, wie man jetzt sagen würde – geblieben ist: die Erfahrung, dass da Menschen in einer großen Intensität gebetet haben. Ich habe gespürt, dass sie deswegen dorthin gehen, weil sie sich dort mit ihren eigenen Sorgen, mit ihrem eigenen Leben ernst genommen erfahren; oder vielleicht auch sich selber ernst nehmen im Angesicht Gottes. Dann ist es auch gar nicht so wichtig, welcher Gottesdienst stattfindet und ob die Predigt gut ist. Das läuft als eine eigene Wirklichkeit der Gläubigen selber ab, auch parallel zu dem, was da vorne abläuft. Das ist eine eigene Identität, die sich in dieser Volksfrömmigkeit

ja zu Heiligen

zeigt. Das hat mich immer beeindruckt, ohne dass ich es damals benennen konnte.

Später dann, im Zusammenhang mit Studium und Reflexion, ist mir nach und nach deutlich geworden, dass sich über die Verehrung von Heiligen, über die Verehrung der Mutter Gottes im Lauf der Jahrhunderte eine eigene Frömmigkeit gebildet hat; eine Frömmigkeit, die vom Hochaltar weggeht bzw. eigentlich nicht weggeht, sondern sich so seitlich wegschlängelt auf den Seitenaltar zu. Da brennen die Kerzen, da gab und gibt es auch die Tränen, das heißt, hier darf geklagt werden, hier darf der Jammer des Lebens zum Ausdruck kommen. Das tut man vor dem Hochaltar eigentlich nicht – vor Gott nicht. Gott ist der Vater und Christus ist der Richter. Aber die anderen, die Heiligen, in denen spiegelt sich eine ganz andere Gottesbildlichkeit, eine ganz andere Gegenwart Gottes, leiblich erfahrbar, bis in die Leiblichkeit von Heiligenstatuen, die ich berühren kann. Diese Präsenz tut gut, weil hier an eine gute Kraft im Himmel geglaubt wird, die in der Berührung einsteht für die Menschen mit ihren Bitten und Möglichkeiten. Es ist natürlich die Kraft Gottes, aber sie ist bebildert und repräsentiert durch ganz bestimmte Figuren, an denen man diese Kraft ganz anders ablesen kann als an der Abstraktion »Gott«.

Das hat mich beeindruckt, das ist auch etwas, das bis auf den heutigen Tag für mich wichtig ist: Wenn ich auf den Staffelberg gehe zur heiligen Adelgundis, in ihre Kapelle mit den anderen 15 Nothelfern,[30] dann grüße ich sie mit Dank und Bitte, manchmal auch mit Klage.

Krockauer: Das ist ja etwas, was ein Stück der katholischen Identität ausmacht: die Möglichkeit, den Glauben zu füllen auch im Sinne einer ganzheitlichen Wahrnehmung.

Ja, bis hinein in eine ganz bestimmte Körperlichkeit des Hingehens, des Sich-Anstrengens, des Betens und dann des Essens und Trinkens vor Ort.

Krockauer: Das Interessante ist, dass diese Erfahrungen eine Renaissance erleben, nicht nur in den Tagebuchaufzeichnungen von bekannten Schauspielern, die den Jakobsweg gehen. Gibt es so etwas wie eine Wiederentdeckung des Wallfahrens, des Pilgerns, vielleicht des Suchens auf einem Suchweg? Wie erklärst Du das?

Rundum erklären kann ich das nicht. Ich denke, dass darin eine Sehnsucht zum Ausdruck kommt, eine Sehnsucht, in einem anderen Zusammenhang als dem Alltag etwas zu entdecken. Und zwar etwas, das hinter dem Alltag steht, das mich im Alltag vielleicht tragen kann, das mir Kraft gibt durchzuhalten. Wo ich von einer anderen Welt etwas mitbekomme, die mir alltäglich nicht so ohne weiteres zugänglich ist. Da gibt es die Neugierde: Da ist, hoffnungsvoll, noch jemand dahinter.

Bucher: Bleibt die grundsätzliche Frage: Was macht einen frommen Menschen aus?

Einen frommen Menschen macht aus, dass er sich aus der Hand einer Wirklichkeit empfangen kann, die er nicht selber ist.

Bucher: Und wie wird man so ein frommer Mensch?

Ich glaube, da gibt es viele Wege. Jede Religion hat ihren Weg dafür. Und die sind, so hoffe ich, alle begehbar und auch gut. Dabei muss man natürlich darüber nachdenken, wieweit die konkrete Frömmigkeit mit fundamentalistischen Anteilen gekoppelt ist oder wieweit sie miss-, auch verachtet und gleichzeitig ausgenutzt wird von den Führern der Religionen für ganz bestimmte Zwecke. Es ist jedenfalls nicht unschuldig darüber zu reden. Doch diese Frage lasse ich erst mal außen vor.

Dies eingeräumt, muss ich sagen: Diese Suche nach einem »Dahinter« ist eine Grundsehnsucht von Frömmigkeit, selbst bis hinein in jene Formen, die aus unserer Perspektive banal wirken, etwa im Glauben an Horoskope und die Sterne, die ja auch eine Wirklichkeit außerhalb meiner selbst sind, in der ich dann mein Schicksal oder meine Geborgenheit oder was weiß ich finde. Mögen wir dies als Ersatzreligion wahrnehmen, die darin zum Ausdruck kommende Sehnsucht ist nicht banal: sich in etwas hineinzubegeben oder zu verwurzeln, das größer ist als ich und das mich trägt, das mir Kraft gibt.

Dann kommen wir natürlich an die entscheidenden Auskünfte der Religionen: Was ist es, das mir angesichts des Todes, angesichts von Leid und Krankheit eine Hoffnung darüber hinaus schenkt? Und da macht es aus christlicher Perspektive dann schon einen elementaren Unterschied, ob jemand bei einer Atemmeditation »Homm« oder »Jesus« sagt und im Herzen *seine* Barmherzigkeit und Gnade erfährt, die den ganzen Körper ergreift.[31] Weder die Wiederkehr der Religion noch die »neue Spiritualität« beruhigen angesichts der Frage, was im menschlichen Leben dauerhaft aufhilft, es trägt, auch über den Tod hinaus.

Im christlichen Glauben muss Gott auch nicht in den schlimmsten Tiefen und Untiefen menschlichen Lebens verabschiedet werden. Dies kann durchaus in Kontrast zu anderen Formen von Spiritualität und Religion geraten. Ich sehe hier schon Probleme: Ein erschreckend großer Anteil der gegenwärtigen Praktischen Theologie – überraschenderweise, wenn man Dietrich Bonhoeffers oder Karl Barths Religionskritik in den Ohren hat, auch der protestantischen Praktischen Theologie – konzentriert sich auf die empirische Untersuchung der »gelebten Religion«, leistet sich nur dann Korrelationen mit traditionellen Inhalten, wenn sie noch plausibel sind, gönnen aber der Theologie kein oder zu wenig eigenständiges kritisches Gewicht mit jenen Vorstellungen aus der christlichen Tradition, die das flache Niveau gegenwärtiger Religiosität irritieren würden, wie die biblischen und dogmatischen Vorstellungen von Stellvertretung, Sühne, Gericht oder Ähnliches. Und dabei müsste man nur genauer hinschauen: in tieferen Erfahrungen der Menschen von Freude und Leid, in ihrer Fähigkeit, sich für andere einzusetzen und stellvertretend Verantwortung der Sühne und der rettenden Hingabe für andere zu übernehmen. Solche Erfahrungen spiegeln sich übrigens auch in sehr guten Filmen, die in intensiver Weise davon erzählen, wie Menschen für andere ihr Leben riskieren und auch hingeben. Wenn ein Glaube nicht mehr diese Gebrochenheiten und Außerordentlichkeiten des Lebens erreicht und darin Bedeutung gewinnt, dann wird er auch für alles andere bedeutungslos, weil er für den Ernstfall nichts taugt.

Bucher: Frömmigkeit hat klassisch auch mit Übung und Übungen zu tun. Frömmigkeit ist ein Geschenk, aber auch etwas, das man sich erarbeiten muss – so sagen es zumindest die Religionen. Gerade im Bereich der Frömmigkeit empfehlen alle Religionen »Exerzitien« mit unterschiedlicher Intensität. In der gegenwärtigen religiösen Situation ist solch eine selbstverständliche Einübung in eine Religion nicht mehr einfach zu gehen. Welche Wege stehen offen für jemanden, der nicht einen selbstverständlichen Weg geschenkt bekommen hat? Was rätst Du?

Eines würde ich raten: die Unterbrechung. Das heißt, zu unterbrechen, was sich als Kontinuität, als Dauerhaftes, als das, was immer zu tun ist im Leben, aufdrängt. Das können ganz kleine Unterbrechungen sein, und ich höre davon immer öfter: dass Menschen, die mit der Kirche nichts zu tun haben, in Kirchen gehen, um dort eine halbe Stunde oder ein paar Minuten Ruhe zu haben. Das ist schon der Anfang vom Ganzen: aus dem Trubel der Selbstbestimmtheit auszusteigen oder des Selbst-Machens, stattdessen sich hinzusetzen und einfach mal in mir etwas umzustellen, auszuatmen, zu hören, zu empfangen und zum Beispiel zu danken.

Danken nimmt unseren Erfahrungen die Flüchtigkeit und den Schein, sie seien zufällig, verdient oder gekauft. Danken hält inne, blickt auf eine Begegnung, auf eine eigene Fähigkeit und Leistung, auf einen Gegenstand zurück, bringt das Erfahrene noch einmal ins Blickfeld, um es als Geschenk, als von Gott her Verdanktes, als Gnade zu erleben und dies ihm gegenüber zum Ausdruck zu bringen. Dankendes Beten taucht unter die Geschehnisse des Alltags unter und verleiht ihnen eine tiefe Wurzel und einen intensiveren Stellenwert, nämlich den Ort in einer Begegnung, die von einem Geben und Empfangen lebt.

Es ist nämlich ein ganz großer Unterschied, ob ich solche spirituellen Frömmigkeitswege einschlage und einübe, um einen Zugriff zu lernen, ob ich also versuche, über Methoden etwas im Griff zu haben, oder ob ich Wege finde, in denen ich mich gerade für eine Haltung öffne, nichts im Griff zu haben. Das ist der entscheidende Unterschied, auch in der Frömmigkeit selber. Das ist eigentlich der Unterschied zwischen Magie und Sich-Öffnen auf das Geheimnis Gottes, bei dem ich alle Zugriffigkeit noch einmal zurücknehme. Vor allem angesichts eines Gottes, der selbst auf Wenn-dann-Bedingungen verzichtet. Vor allem in den Erfahrungen jener zum Alltag ganz anderen Symbolhandlungen, die für diese Unbedingtheit stehen, nämlich die kirchlichen Sakramente. Damit es eine Spiritualität im Alltag gibt, braucht es die Abduktion, das Sich-wegführen-Lassen in das Andere des Alltags: zum Beispiel in die andere Welt von Exerzitien, mit ihrem Hören und Schweigen. Die Gefährdungen liegen übrigens nicht nur im Emotionalen, Gefühlhaften, das man mit Frömmigkeit in Verbindung bringt, sondern auch im Rationalen, im Denkerischen, auch in der wissenschaftlichen Theologie. Etwa wenn ich meine, weil ich eine bestimmte und bestimmende Theologie entwickelt habe, hätte ich einen wissensbemächtigenden Zugriff auf Gott selbst gestartet.

Bucher: Was sind überhaupt die Gefährdungen von Frömmigkeit? Es gibt seit der Antike bis in die Gegenwart hinein eine breite Literatur, die diese Gefährdungen drastisch beschreibt.

Ich verstehe Deine Frage zunächst in dem Sinn, dass Du nicht jene Gefährdungen meinst, mit denen die Frömmigkeit in Gefahr kommt, sondern jene, die die Frömmigkeit selber in sich birgt. Wollten wir von jenen Gefährdungen sprechen, die die Frömmigkeit des Volkes von außen in Gefahr bringt, dann denke ich zum Beispiel an den Schatten, den die lichtvolle Vernunft der Aufklärung, auch der katholischen Aufklärung, gleichwohl auf den Bereich der Frömmigkeit des Volkes geworfen hat, mit den Verdunkelungsgefahren dessen, was das Volk für sich selber als lichtvoll im eigenen Glauben erfahren hat. Sicher, dessen Auswüchse waren und sind zu kritisieren. Und auch die kritische Vernunft soll in keiner Weise geschmälert werden. Aber sie ist erst dann wirklich vernünftig, wenn sie die Kritik auch gegen sich selber anwendet, um ihre eigenen Grenzen weiß und andere Ausdrucksformen des Lebens nicht als unvernünftig hinstellt, wo es doch darum ginge, die innere Vernünftigkeit auch von Bräuchen und Ritualen, wie sie dem Volk wichtig sind, wahrzunehmen. Ohne diese Einsicht gäbe es heute keine Ritual- und Mythosforschung. Dafür steht vor allem der große französische Ethnologe Lévi-Strauss.

Aber nun zu jenen Gefahren, die die Frömmigkeit selbst zu befördern vermag. Es wird ja oft gerade der Volksfrömmigkeit unterstellt, sie wäre Magie oder sie würde über das Übergewicht von Bittgebeten Gott beeinflussen und über die Heiligen sozusagen ein Geschäft mit Gott eröffnen wollen. Aber das ist interessant: dass es in der Volksfrömmigkeit kein letztgültiges Wenn-dann gibt. Es ist nicht so, dass Menschen, wenn ihre Verwandten sterben, obwohl sie an einem Wallfahrtsort für ihre Gesundheit gebetet haben, keine Wallfahrten mehr machen. Dafür gibt es überhaupt keine Belege innerhalb der Volksfrömmigkeit. Man kann der Volksfrömmigkeit nicht unterstellen, sie würde im magischen Wenn-dann-Verhältnis zu Gott verbleiben. Es ist ein Bestürmen von Gott, und im Wallfahrtsgelübde gibt es schon eine Art von Wenn-dann. Aber es wird immer wieder überholt: Wenn die Bitten nicht erfüllt werden, wird die Beziehung zu Gott nicht zurückgenommen und auch nicht aufgegeben.

Bucher: Trotzdem nochmal die Frage nach den Gefährdungen der Frömmigkeit, auch wenn die Volksfrömmigkeit vielleicht tatsächlich viel weniger gefährdet ist, als es scheint.

Eine klassische Gefährdung der Volksfrömmigkeit ist natürlich, dass über sie die gesellschaftlichen Verhältnisse stabilisiert werden. Das wäre der Verdacht und der Vorwurf, dass mit der Volksfrömmigkeit eine ganz bestimmte politische Struktur und all die Not, die diese verursacht, abgepolstert werden.
Aber da muss man genauer hinschauen. Die Arbeiten von Franz Weber zeigen:[32] Die Frömmigkeit etwa der Indios in lateinamerikanischen Ländern ist diesbezüglich durchaus ambivalent. Sie hat diesen problematischen Stabilisierungsanteil, sie hat aber auch den Widerstandsanteil, den Überlebensanteil in einer nicht veränderbaren Gewaltsituation. Wie funktioniert Volksfrömmigkeit in Bezug auf die Verhältnisse, in Bezug auf die Menschen, die in einer konkreten Situation sind? Dies ist die kritische Frage: Wem kommt sie zugute und wen gefährdet sie?

Bucher: Wie steht es mit solch klassischen Gefährdungen von Frömmigkeit wie Heuchelei, Scheinheiligkeit? Die religionskritische Literatur schildert ausführlich Karikaturen von Frömmigkeit, etwa den Frommen, der mit seinem Gottesbezug und seiner Askese protzt. Wenn man das jetzt nicht von dieser Extremform, die jeder durchschaut, her betrachtet: Wo und wie schleicht sich so etwas ein? Siehst Du diese Gefahr?

Zum Wort der Heiligkeit gibt es das scharfe Gegenwort der Scheinheiligkeit: So heilig können die Frommen gar nicht sein, wie sie tun. Gemeint ist eine doppelte Lebensführung mit doppelter Moral und paradoxer Kommunikation, in der in der Erscheinungsform versprochen wird, was in Wirklichkeit gar nicht der Fall ist. Klassisch ist die Vorstellung von jenen Frommen, die zum lieben Gott beten und ansonsten abgrundtief gehässig sind. Das nervt viele Menschen an religiösen Menschen, in der empörendsten Extremform an Priestern, die rigide Sexualmoral beanspruchen und predigen und gleichzeitig ihre sexuellen Triebe an Kindern schadlos halten. Die öffentliche Meinung übernimmt hier die prophetische Kritik Jesu, dass sie an ihren Früchten zu erkennen sind (Mt 7,16).

Auf der anderen Seite wird es immer eine Differenz zwischen Frömmigkeit und Lebensführung geben. Gewissenserforschung und Eingestehen von Schuld sind hier das Gütezeichen authentischer Frömmigkeit, die von der Gottesbeziehung her nichts verschleiert, sondern gerade solche Widersprüche aufdeckt. Deshalb war es für viele so beeindruckend, dass Bischöfin Margot Käßmann nach einem vergleichbar geringfügigen Alkoholvergehen am Steuer sofort ihr Amt aufgab: weil diese Tat nicht ihren Worten einer guten und verantwortlichen Lebensführung entsprach. In der Art und Weise, wie sie zu dieser Schuld stand, hat sie nicht an christlicher Authentizität verloren, sondern gewonnen.

Deine Frage berührt noch etwas anderes, nämlich jene Orte, wo ich in Pfarrgemeinden oder anderswo in der Kirche etwas spüre von einer Haltung, bei der das durchaus berechtigte Bewusstsein, dass uns von Gott her die Offenbarung einer Wahrheit geschenkt ist, auf einmal eigenartig

umschlägt in einen Selbstruhm, als hätte man das selber hergestellt, als wären wir etwa im interreligiösen Bereich berechtigt, ein Selbstbewusstsein zu zeigen, das die anderen geringer achtet und ausgrenzt.
Da schleicht sich etwas Problematisches ein, wo Kirche oder Gemeinde verstanden werden als ein eigener Verein, den wir zusammenhalten müssen mit diesem Bewusstsein einer elitären Gottesbeziehung, das ich freilich gar nicht mehr als Frömmigkeit, sondern als Ideologie bezeichnen würde, also als falsches, eingebildetes Bewusstsein von dem, was wir wirklich in der Gottesbeziehung sind: Geschöpfe, die sich aus der Hand Gottes empfangen, und nicht solche, die meinen, weil sie an Gott glauben, seien sie selber – im herrschaftlichen Sinne – göttlich, jedenfalls besser als die anderen. Als wäre es unsere Leistung, dass wir im Glauben leben, und als ob er unserer eigenen Herrschaftsfähigkeit über die anderen dienstbar sein könne. Doch dieser Demutsmangel ist nicht nur eine Gefahr der Frömmigkeit, sondern auch eine Gefahr hochrationaler Theologie.

Krockauer: Ich möchte eine kleine religionspädagogische Wendung einschlagen: Man könnte ja meinen, dass die Einführung oder Unterweisung in Frömmigkeit eine Chance gelungener Glaubensweitergabe wäre. Würdest Du eine solche These unterstützen? Müsste man dann nicht etwa Wallfahrtsorte als Orte von Glaubensweitergabe, Glaubensvermittlung bzw. Glaubensverkündigung deutlicher reflektieren?

Ja, das würde ich unterstützen – und jetzt in einer ganz anderen Bedeutung von »Katechese«, als sie verstanden wird auf der Ebene des Lernens, der Vermittlung von Inhalten und des Verstehen-Könnens. Ich denke, dass über Wallfahrtsorte auch deutlich wird, dass es auch Orte der Glaubenserfahrung gibt außerhalb oder neben dieser Art von Katechese, nämlich als ganz eigene und eigenartige Symbolerfahrungskatechese. Das klassische Beispiel ist ja Paul Claudel, der in den Weihnachtsgottesdienst in Sacré-Cœur geht und auf einmal gar nicht anders kann, als dass ihm alles Bisherige unter den Füßen entzogen wird, obwohl er die Gläubigen nicht leiden kann, ihre Ansichten für mickrig erachtet, die Priester überhaupt nicht ausstehen kann: Es hat sich bei ihm in Bezug auf Glauben noch gar nichts verändert. Er weiß nur: Es ist alles anders. Das heißt: Wo diese Erfahrung, auch durch Lehrvorgaben unkontrollierbar, gleichwohl nach authentischer Benennbarkeit strebt, dort geschieht Symbolerfahrungskatechese. Solche Orte darf man nicht gering achten oder gar zerstören. Ein Wallfahrtsort, denke ich, könnte ein solcher Ort sein.

Krockauer: Kannst Du diese Erfahrung von Claudel näher beschreiben, um sie nachvollziehbar zu machen? Es ist ja eine sehr substanzielle Erfahrung.

Es ist die Erfahrung, dass hier mit einer gewissen Unmittelbarkeit und Vorgegebenheit etwas *da* ist, das nicht allein über das Verstehen aufgenommen werden kann, wenn es dann auch nach Erklärung sucht. Ich kann es eigentlich nur so sagen: Es ist gut, dass wir unseren Sakramenten, etwa auch in der Kasualpastoral, dass wir diesen Symbolhandlungen etwas zutrauen auch in Bezug auf Menschen, denen wir angeblich oder wirklich nichts mehr zutrauen. Dass wir sagen: Gut, wir lassen dieses Sakrament los, auch für die Beziehung zwischen innen und außen, nicht bloß für die Kerngemeinde, mit der Hoffnung, dass da etwas geschehen kann. Aber wir haben das nicht im Griff. Natürlich bleibt dann die Frage, wie man dann weiterbegleitet. Das wäre pastoraltheologisch wirklich noch genauer zu durchdenken.

Es scheint in der jetzigen Zeit wieder so zu sein, dass diese Unmittelbarkeit von Symbolen erfahrbar und wirksam wird. Bei großen Katastrophen erfahren wir das, wo offensichtlich keine andere Symbolwelt bereitsteht als die religiöse, um Trauer oder Wut Ausdruck zu verschaffen. Wo es keine Sprache mehr gibt, keine Worte, um die Tiefen des Bösen und des Leides eines Geschehens zu begreifen, wo es keine Antworten gibt, die beruhigen, wo man sich auch weigert, dem Zynismus oder dem Banalismus allzu schneller Antworten und Reaktionen zu erliegen, da öffnet sich die Sehnsucht nach anderen Ausdrucksformen als denen des Wortes. Die Menschen, und auch solche, die es sonst nicht tun, gehen in die Kirchen oder an entsprechende Orte des Gedächtnisses, zünden Kerzen an, legen Blumen nieder, schreiben Texte ihrer Trauer und ihres Mitgefühls, die sie aber nicht an irgendwelche Adressaten oder Adressatinnen abschicken können, sondern die sie neben die Kerze hinlegen.

Es ist so etwas wie die Verleiblichung der eigenen Ohnmacht und Anteilnahme in dieses symbolische Handeln hinein. Es ist ganz entscheidend, dass sich die Kirche mit ihren Räumen und Symbolen absichtslos zur Verfügung stellt. Irgendwie kommt dahinter eine Kraft zum Vorschein, nämlich sich dem Geschehenen nicht klage-, widerstandslos und hoffnungslos auszuliefern. Das alles ist etwas, was die Liturgiewissenschaft mit ihrer hauptsächlich historischen Verortung bislang noch zu wenig angeht. Aber auch unser Fach könnte hier mehr tun.

Krockauer: Ich gehe vom schönen Frankenland, von einem Ort wie Vierzehnheiligen weg, hinein in die Metropole, in das laute und verstädterte Leben. Was ist Volksfrömmigkeit außerhalb des ländlichen, idyllischen Raums, angesichts von Fabriken, von U-Bahnhöfen? Wären das nicht auch Orte, die man neu entdecken könnte, wo ja auch Unmittelbarkeitserfahrungen von Menschen bezeugt werden?

Ja, unbedingt. In der Arbeiter- und Betriebspastoral ist es gerade in den letzten Jahren nicht selten geschehen, dass sich die Seelsorger und Seelsorgerinnen bei drohenden Betriebsschließungen in der Form solidarisiert haben, dass sie mit den Betriebsangehörigen in Werkhallen oder im Freien Gottesdienste gefeiert haben, mit den Gebeten der Klage und der Anklage genauso wie mit dem Gebet um Kraft, Trost und Hoffnung. Man wird in diesem Zusammenhang bei den Arbeiterpriestern in der Vergangenheit wie in der Gegenwart in die Schule gehen und sich erzählen lassen, wie sie die Sorgen des Volkes erspüren und Möglichkeiten suchen, ihnen in der Frömmigkeit Ausdruck zu geben. Ähnliches gilt ja für die vielen gläubigen Menschen in den Institutionen der Caritas, Ähnliches gilt für die Seelsorger und Seelsorgerinnen in den Krankenhäusern, wie sie dort jeweils Formen und Rituale entdecken und wiederentdecken, in denen die Menschen so etwas erleben, was den Wallfahrtsorten bescheinigt wird, nämlich Wege zur Kraft und zur Hoffnung zu sein. Bei all diesen Beispielen zeigt sich, dass sich diese außerordentlichen Verkündigungswege immer verbinden und verbünden mit der Solidarität mit sorgenbeladenen Menschen. Man müsste in unserem Fach noch intensiver wahrnehmen, wo in dieser Weise bereits »Frömmigkeit des Volkes« lebt, vielleicht auch neu entsteht, und auch darüber nachdenken, wo dies darüber hinaus der Fall sein könnte.

Aber es gibt auch in den Kirchen selbst solche Orte, wie etwa die Kapelle im Flughafen oder die Citypastoral in der St.-Klara-Kirche in Nürnberg: Dort zeigen die Erfahrungen mit den offenen Trauerandachten, wie die Menschen nach einem Ausdruck für ihre Trauer suchen, sei es kurz nach dem Tod eines geliebten Menschen, sei es aber auch, wenn nach längerer Zeit immer wieder die Trauer aufbricht. Denn die Trauer hält sich nicht an die Phasen von Auflehnung bis hin zu Ergebung, sondern ist chaotisch. Und die Phasen kommen hintereinander, aber sie kommen auch ganz durcheinander und vor allem kommen sie meist ein ganzes Leben lang. In die Klara-Kirche können alle Trauernden kommen, ob sie nun viel glauben oder nicht.

Ich kenne diese Augenblicke, wenn zum Beispiel ein Besuch im Krankenhaus all die Erinnerung an den Tod von Vater und Mutter hochkommen lassen, so sehr, dass es mich in der Kehle würgt. Und das kommt dann so überraschend, weil man doch immer irgendwie nach Jahren glaubt, dass das doch zwar nicht erledigt, aber doch einigermaßen überstanden sein sollte. Aber das ist absolut nicht der Fall! Wie gut wäre es, in einem solchen Augenblick einen Ort zu haben, wo ich bei solchen Traueraufbrüchen zur Besinnung und zur Ruhe kommen kann.

Die nicht vergessene Trauer, die nicht nur traurig ist, sondern auch Erfahrungen der Freude, des Glücks und der Dankbarkeit enthält, schenkt den Verstorbenen zumindest in der Erinnerung immer wieder eine Auferstehung, eine

Vorerfahrung des Glaubens der Religionen, dass auch Gott einmal die Menschen aus unendlicher Liebe heraus nicht vergessen wird und dass dieses Nichtvergessen bei den Verstorbenen als ewiges Leben ankommt. Viele fühlen sich, vor allem in der nachträglichen Trauer, oft allein gelassen, weil es nicht einfach ist, darüber zu sprechen, und weil es zu wenige Räume gibt, die dafür im Wort und im Symbol Platz schaffen. Die Pastoral der Klara-Kirche tut dies, unaufdringlich, unbehelligend und in keiner Weise vereinnahmend. Hier zeigt sich: In der Trauer um verstorbene Menschen gehören wir alle zusammen. Denn in allen Kulturen und Religionen wird es als tiefer Schmerz erfahren, wenn geliebte Menschen sterben.
Ich denke hier auch an Saint Mary's Church, »The Hidden Gem«, »das verborgene Juwel« im Zentrum von Manchester: eine tatsächlich ganz verborgene, zwischen Hochhäusern versteckte Kirche, die immer besetzt ist mit irgendwelchen Leuten, und an den Heiligenfiguren brennen die Kerzen. Das ist ein solcher Ort, wo auch nichtkirchliche Menschen hürdenfrei Ruhe finden.

Krockauer: Was macht diesen Ort aus?

Es ist einfach eine Kirche. Und sie ist immer offen. Zugleich ist sie verborgen, und man kann sich in ihr verbergen und geborgen sein. Sie hat als Raum die Eindeutigkeit christlicher Symbole, eine Eindeutigkeit, die Vieldeutigkeit ermöglicht und vielen verschiedenen Erfahrungen Bedeutung und Halt zu geben vermag. Wie ich es im indischen Pune erfahren habe: Dort bin ich in einen Hindu-Tempel gegangen und habe mich gerade als Katholik unmittelbar zu Hause gefühlt mit den vielen Statuetten, Kerzen und

Schreinen. So fühlen sich auch in der Saint Mary's Church in Manchester ganz verschiedene Menschen »gehalten«.

Krockauer: Es entstehen so neue Wallfahrtsorte mitten in den Städten?!

Ja, mittendrinnen und die sind angenommen.

Bucher: Sie gehorchen ja auch dem Prinzip »Unterbrechung«. Es werden jetzt immer öfter in der Stadtlandschaft Orte gestaltet, die diese Landschaft unterbrechen, transzendieren, die eine ganz andere Kommunikation ermöglichen, wo nicht herrscht, was sonst in der Stadt herrscht, Verwaltung, Macht und Konsum, wo vielmehr die symbolverdichtete Erzählung von anderem möglich ist und damit die Öffnung hin auf anderes. Auch im Alltag gibt es klassische Übungen der Unterbrechung, Gebetszeiten und Ähnliches, die Unterbrechung muss mit etwas gefüllt werden, und wenn es die Leere ist, mit der sie gefüllt wird. Was rätst Du einem viel beschäftigten Manager, der sich Sorgen macht um seine Zukunft, dem es auch gut geht, der aber spürt: Mir reicht nicht mehr an Spiritualität, was ich in meiner Jugend gelernt habe, ich will intensiver einsteigen, auch in der Unterbrechung meines Alltags, meines Lebens im Sinn Deines Frömmigkeitsbegriffs. Was rätst Du ihm zu tun, was zu suchen?

Das ist für viele eine sehr drängende Frage, weil es im Grunde eine der wenigen Möglichkeiten ist, im Vorhinein dem Burn-out-Syndrom oder dem Herzinfarkt entgegenzuwirken. Denn die Dynamik der Kontinuität, des »Immer-wieder-so-weiter-Machens« erzwingt die Unterbrechung irgendwann, und die kann dann Wochen, Monate,

Jahre dauern. Viele Menschen spüren es vorher, aber es passiert nichts. Das ist wirklich ein wichtiger Punkt der Seelsorge. Mit Menschen darüber zu sprechen: Wie sie die später einmal erzwungene Unterbrechung jetzt schon in Freiheit und aktiv vorwegnehmen können, damit sie ihnen später als Zwang erspart bleibt. Man müsste abtasten: Wo ist zum Beispiel etwas, das die Menschen jenseits der Arbeit interessieren könnte? Andere Begründungen? Andere Orte? Welche Literatur? Was wäre spannend für sie als »andere Welt« zu entdecken, für fünf Minuten oder für eine halbe Stunde oder mal einen Tag lang. Das müsste man gemeinsam suchen. Und man dürfte lernen, einmal gar nichts zu machen.
Es ist wirklich ärgerlich, dass wir gerade in einer Situation, in der diese Art Seelsorge, diese Art, Menschen beizustehen, die klassische Einzelseelsorge, so wichtig ist, immer weniger Personal dafür haben. Ich meine hier besonders auch das ordinierte Personal. Dass Menschen da sind, denen über die Kompetenz hinaus noch etwas ganz anderes zugetraut wird, weil sie eine andere Dimension vertreten: etwas Heiliges, Unverfügbares und doch Tragendes und Haltgebendes.

Bucher: Warum ordiniert?

Ich rede jetzt außerhalb der bestehenden Zulassungsbedingungen, das ist klar, ich rede im Sinne einer Demokratisierung des Weiheamtes auf eine viel größere, für uns jetzt noch unvorstellbare Basis hin, nicht nur im Bereich der Gemeindeleitung. Im Zusammenhang des weltweiten Diakonats habe ich gelernt von der Art und Weise, wie es z. B. in den Slums der großen südamerikanischen Städte nicht nur wichtig ist, dass es Sozialarbeiter und Sozialarbeiterinnen gibt, sondern dass in solchen Kulturen, wo auch das Religiöse mit entscheidend ist – bei uns scheint das auch stellenweise noch oder wieder der Fall zu sein –, die Repräsentanz des Religiösen im Helfenden mitgegeben ist. Dass es zum Beispiel der auch sonst die Menschen in den Slums selber unterstützende Diakon ist, der das Kind tauft oder die Hochzeit hält. Es geht um die Wiedergewinnung einer Einheit, die zerfallen ist, die bei Jesus noch eine Einheit war: jene von Seelsorge und Leibsorge, Umkehr und Heilung, Sakrament und Leben. Die Rückgewinnung dieses Zusammenhanges ist eine ganz wichtige Sache. Auch bei uns gehen viele Erfahrungen in der Diakonie auf der einen und in der Sakramentenpastoral auf der anderen Seite in die ähnliche Richtung. Auch in anderen Bereichen steigert sich die Sehnsucht nach integraler Heilung, wie sie bei Jesus in der Einheit von Sündenvergebung und Heilung begegnen. So erzählen Ärzte und Ärztinnen von der Seelsorge, die ihnen abverlangt wird.

Bucher: An den Wissenschaftler Ottmar Fuchs: Es gibt die berühmte Formel von der »Frömmigkeit des Denkens« von Heidegger. Gibt es so etwas?

Ja, das gibt es unbedingt. Das Denken fällt nicht aus allem, was Leben ausmacht, heraus. Es ist nicht so, als wäre das eine Sonderform. Da ist mir wichtig, was Adorno diesbezüglich gedacht hat: dass auch das Denken den Begrenzungen des Lebens unterworfen ist, in der Anfälligkeit dem Bösen, aber auch dem Guten gegenüber, je nachdem. Es ist gerade im Denken eine Spiritualität fällig: dass es ein wichtiger Anteil der Geistlichkeit des Denkens ist, das Denken

Sich-Öffnen für Unsicherheit

zu unterbrechen, und zwar im Erschrecken vor dem, was geschehen ist, im Erschrecken vor dem, was geschehen kann. Und dann innezuhalten und wieder neu nach Möglichkeiten eines verletzbaren Denkens zu suchen. Das wäre eine Art von Spiritualität am Schreibtisch. Denn auch der Schreibtisch kann gefährlich, vor allem gefährdend sein. Am Schreibtisch ist ja oft auch schon das Schlimmste geschehen, zumindest in der Vorbereitung des Schlimmsten. Es ist also einer Theologie Geltung zu verschaffen, die die Leidenden und Gefährdeten mindestens so ernst nimmt, aber eigentlich ernster nimmt als sich selbst. Dass die Theologie selbst verletzlich wird, dass sie durch ganz bestimmte Geschichten von Menschen verletzt ist und verwundet ist, bis in ihre wissenschaftlichen Argumentationen hinein – das ist ja die Bedingung dafür, in sich selber jene Abgründe und Gründe menschlichen Lebens zu erreichen, die es tatsächlich gibt und die durch allzu glattes Argumentieren schnell aus dem Blick kommen. Man kann mit dem Denken das Leben der Menschen nicht in den Griff bekommen, weil es selbst ein Vollzug des Lebens ist. Münchhausen grüßt hier, der sich am eigenen Schopf aus dem Schlamassel herausziehen will.

Die Theologie lässt sich nicht selbst methodisch von ihrem Inhalt betreffen, wenn sie zwar vom verwundeten und sterbenden Gott am Kreuz spricht, aber diese Prozesse nicht auf sich selbst bezieht, manchmal auch im Sterben bisheriger eigener Plausibilitäten und im Sich-Öffnen für Unsicherheiten, die zeitweise nichts mehr in den Griff bekommen. Damit steht und fällt die Möglichkeit, ob es eine Praktische Theologie nach Auschwitz und mit gegenwärtigen Katastrophen, die Millionen von Menschen zu erleiden haben, gibt.

x nichts mehr in den Griff bekommen

3. Gerechtigkeit

Krockauer: Gibt es beim wissenschaftlichen Theologen Ottmar Fuchs ein aktuelles Thema aus der Gesellschaftspolitik, das ihn empört?

Ja. Ich muss sagen, der Finanzcrash hat mich – und ich kann damit nicht aufhören – sehr empört. Und ich merke auch, dass es viele Menschen bis zur Wut hin trifft. Denn es wird jetzt offensichtlich, wird jetzt offenbar, was seit der ökonomischen und finanziellen Globalisierung im Grunde bisher für uns in Europa noch nicht so deutlich und erfahrungsmäßig zu Tage getreten ist, wohl aber für eine Milliarde Menschen, die aus Produktion und Konsum ausgeschlossen sind und im Elend leben: dass über die Globalisierung Geld buchstäblich veruntreut wird, dass mit Geld immenses Geld gemacht wird, ohne dass noch eine Verbindung zu anderen Lebenszusammenhängen vorhanden ist. Und dass es dabei um Milliarden geht, dass der Staat Milliarden zuschustert und dann die Banken wieder Milliardengewinne machen. Und nichts scheint sich geändert zu haben.

Das ist im Grunde unglaublich. Damit kommen – und das erfahre ich in vielen Gesprächen – die Menschen nicht zurecht, mit dieser Art von offensichtlicher Ungerechtigkeit, auch etwa in den Einkommensunterschieden zwischen dem, was ein höherer Manager verdient und wie dieses Einkommen völlig unproportional und unverhältnismäßig ist zu dem, was selbst ein Arzt verdient, geschweige denn Hartz-IV-EmpfängerInnen erhalten. Das ist im Moment mit Recht eine Quelle der Wut.

Die ungeduldige Frage nach der Gerechtigkeit bricht da auf. Sie bricht aber auch schon früher auf, und zwar als Frage nach der Ungerechtigkeit, in unterschiedliche Situationen hineingeboren zu sein und letztlich ein ganzes Leben lang nur wenig daran ändern zu können, dass dem so ist: dass man dann nicht mehr herauskommt aus der Schuldenfalle oder aus der Arbeitslosigkeit, die auch durch die Gewissenlosigkeit von ganz bestimmten Leuten in der Wirtschafts- und Finanzwelt verursacht wird. Ich habe das Gefühl, dass die Frage nach der Gerechtigkeit auch in unserem Land ein immer vitaleres Thema wird.

Bucher: Viele Menschen teilen diese Empörung über die Ungerechtigkeit, sei es im Zusammenhang mit den Finanzcrashs, sei es im Zusammenhang mit den unterschiedlichen Wohlstands- oder Elendsniveaus der Staaten auf der Welt. Es gibt zwei klassische Gegenargumente. Das eine weist darauf hin, dass mit dem Kommunismus der Versuch einer ethischen Steuerung der Wirtschaft gescheitert sei. Das andere argumentiert eher systemtheoretisch, dass das Wirtschaftssystem relativ gleichgültig gegenüber moralisierenden Einsprüchen etwa aus religiöser oder anderer Perspektive sei. Man muss wohl beide Einsprüche ernst nehmen, sie können aber aus theologischer Perspektive auch nicht das letzte Wort sein. Wie kommt man zwischen diesen beiden resignativen Antworten hindurch? Was war, was ist Dein Weg?

Ein Weg ist auf jeden Fall, ein entsprechendes kritisches Bewusstsein aufzubauen, das die neoliberal beruhigten Gewissen aufscheucht. Das gilt auch für die Theologie, sie muss die elementare Frage nach der Gerechtigkeit immer wachhalten. Man darf diese Frage nicht abdrängen auf die Ebene nur der Hilfeleistung; Hilfe ist wichtig, aber es ist auch wichtig zu fragen, wie denn die Ursachen von Ungerechtigkeit und Not beseitigt werden können. Es geht darum, das Bewusstsein von der Möglichkeit der Veränderung überhaupt erst einmal zu wecken, auch wenn diese Veränderung zunächst utopisch erscheint.

Die so genannten »linken« Konzepte hatten noch ein Potenzial der Hoffnung auf Veränderung. Sie waren in real existierenden Sozialismen freilich mit der Einbildung verbunden, dass diese Veränderungen sozialtechnologisch über dirigistische Maßnahmen möglich seien, und das ist offensichtlich schiefgelaufen, mit unsäglichen Opfern der damit verbundenen Diktaturen.

Die ungerechten Systeme lassen sich nicht leicht irritieren, das ist das Problem. Außer dass sich bei einigen Akteuren selbst das Bewusstsein und auch die Trauer darüber entwickeln, wie sie funktionieren und welche Funktion sie noch einmal in größerem Zusammenhang haben. Das habe ich erlebt etwa in einem Arbeitskreis von Siemens-Angestellten, die natürlich ihren Beruf nicht einfach aufgeben können wegen ihrer Familien und ihrer Verpflichtungen, aber die sehr genau wissen, was der Konzern in anderen Ländern tut. Sie haben das aus christlicher Perspektive wahrgenommen. Und sie stellten fest, dass es doch kleine Punkte gibt, wo über die Persönlichkeit, über die Ethik der Person dann an manchen Stellen doch anders entschieden werden konnte, und wenn es bloß für eine Abteilung war. Es gibt Möglichkeiten. Manches wäre an Veränderung innerhalb der Systeme möglich, wenn so ein Handeln eine größere Basis hätte. Man muss strategisch planen, kann den Erfolg aber nicht berechnen. Aber über die Personen, die ja im System wichtige Rollen spielen, wäre manches in begrenztem Maße möglich.

Bucher: Auch auf der Ebene des Lebens in einer Pfarrei, in einer Familie, also in den alltäglichen Zusammenhängen, spielt Gerechtigkeit eine große Rolle. Wo wird da Gerechtigkeit nach Deiner Erfahrung am ehesten, am meisten verletzt?

Von meinen persönlichen Wahrnehmungen her hat sich ein Großteil der Gerechtigkeitsverletzungen auf die Frauen bezogen: entweder in der Doppelbelastung von Familie und Beruf oder bei Hausfrauen in der belastenden Selbstwahrnehmung von »Da fehlt etwas« oder »Es ist nicht wertvoll genug«. Da jedenfalls habe ich immer wieder sehr gespürt, wo Ungerechtigkeit ist.
Dann aber habe ich auch sehr massiv Ungerechtigkeit der erwachsenen Kinder gegenüber den älter gewordenen Eltern wahrgenommen. Es gibt ja diese alte Erzählung, in der die Eltern ihr Kind sehen, wie es einen Holznapf schnitzt, und sie selber geben ihren eigenen Eltern einen Holznapf zum Essen, und das Kind sagt: »Der ist mal für euch.« Dieses Märchen besitzt, so alt es ist, eine ganz vitale Problematik. In der Ausgrenzung der Alten und ihrer Weisheit ist viel Ungerechtigkeit, mögen sie noch so sehr als »Senioren/Seniorinnen« semantisch aufgewertet sein.

Krockauer: Also im Sinne der Generationengerechtigkeit?

Ja, im Sinne der fehlenden Generationengerechtigkeit. Übrigens auch von Seiten der Älteren gegenüber den Jüngeren, wenn sie sich für Letztere überhaupt nicht mehr interessieren, sondern nur noch deren Lebensstile verteufeln können und ansonsten nur ihr eigenes Wohlergehen im Blick haben.

Und es gibt die Ungerechtigkeit im Besitz von Ressourcen, auch von finanziellen Ressourcen. Das ist schon frappierend. Ich erlebe es auch immer mehr ganz konkret, bis in die nähere Bekanntschaft hinein: Ich weiß, dass eine Hartz-IV-Empfängerin, die mit ein paar hundert Euro lebt, sich nichts leisten kann, was über das hinausgeht, was sie zum Überleben braucht. Wenn Kinder da sind, muss sie schauen, dass sie Zusatzgelder bekommt. Das ist eine himmelschreiende Ungerechtigkeit. Ungerecht ist es auch, wenn Menschen nicht mehr von ihrer Arbeit leben können. Wenn die Ökonomie nicht Abhilfe schafft, müssen Mindestlöhne politisch erzwungen werden. Denn das ist wirklich kein Zustand, schließlich wäre eigentlich genug Kapital da, immerhin werden Milliarden von Geldern von Seiten der Politik – als Sicherheit, zum Teil aber auch als reales Geld – in die Banken geschossen. Das kann ich, das können die Menschen nicht mehr verstehen und es ist auch nicht vermittelbar. Vermittelbar ist schon eher, wenn die Reichen mit allen Mitteln daran gehindert werden, Milliarden von Steuern zu unterschlagen.

Auch wenn Änderungen strukturell nicht einfach wären, das ist mir klar, aber man muss damit beginnen. Sonst werden wir gegenläufig zu Erwärmung der Erde ihre soziale Erkaltung betreiben. Beides zusammen wäre der Supergau. Man mag solche Szenarien als alarmistisch verdächtigen. Sie dürfen auch tatsächlich nicht all das übersehen lassen, was es an Hoffnung in zahlreichen und gar nicht so ohnmächtigen Gegenbewegungen gibt. Aber es ist auch wichtig, die Gefahren rechtzeitig zu benennen, damit das Befürchtete nicht eintritt. 1933 hätte man sich mehr alarmistische Reaktionen gewünscht, vor allem von Seiten der Kirchen.

Krockauer: Wahrscheinlich müsste man noch ein Drittes hinzufügen: Bildung und Bildungschancen. Das betrifft die Hochschulen, das betrifft die Ausbildungsinstitutionen, es betrifft die Milieusensibilität, die sich auch aus Deiner Biographie entwickelt hat.

Biographisch geht meine Erfahrung, wie Bildung und Solidarität zusammenhängen, vor allem auf meine Studienzeit zurück, auf die Verbindung von Studium und einer Studentenbewegung, die gegen die Ungerechtigkeit in der damals so genannten Dritten Welt genauso auftrat wie gegen einen Vietnamkrieg mit unsäglichen Opfern, und gleichzeitig auf die uns damals immer intensiver klar gewordene Verbindung von Kirche und Weltverantwortung, vor allem im Zusammenhang mit dem II. Vatikanum und selbstverständlich mit der Pastoralkonstitution. Wenn ich richtig sehe, haben wir heute eine Gesellschaft, in der Bildung, wenn man es so nennen will, und Freiheit zur und in der Bildung immer mehr auseinanderklaffen. Wissen ist Macht, mehr als jemals zuvor. Deswegen wird die Frage noch wichtiger als jemals zuvor, wer Zugang zum Wissen hat und wer die Form und die Ziele des Wissens bestimmt.
Pierre Bourdieu, der vor wenigen Jahren verstorbene französische Kultursoziologe, hat vor einem Wissen gewarnt, das nur die Leistung und die Anwendung im Blick hat und nicht auch die innere Freiheit im Wissen selber erweitert, nämlich sich zu dem Gewussten auch zu verhalten: mit der Frage, wofür ich etwas weiß. Und dass dieses Wofür nicht

nur von außen, an der Universität zum Beispiel als Auftragswissenschaft, bestimmt wird. Wenn Wissen wieder etwas mit Weisheit zu tun haben soll, dann darf es sich nicht für irgendetwas und am Ende für alles in den Dienst stellen, sondern wird selbst den Anspruch erheben, das Wissen in seinen Auswirkungen für die Menschen zu beurteilen. Die ganze weltweit dominant kapitalistische Wirtschaftsordnung lebt von dieser Schizophrenie zwischen selbstrotierender Gewinnrationalität und ethischen Einstellungen, die dieser Rotation in die Speichen fahren müssten, aber nicht können.
Ich fürchte hier Schlimmes. Die Gelder, die jetzt vergeben wurden an die Banken, um den Crash abzudämpfen, werden wohl hauptsächlich über die Kürzung der Sozialbereiche wieder hereingepresst werden. Was heißt das für die Wohlfahrtsverbände, was heißt das für die Sozialarbeit? Wir werden uns warm anziehen müssen. Jetzt geht bei uns der Kampf erst richtig los.

Krockauer: Damit ist ein Stichwort genannt. Die Empörung, die Du jetzt zum Ausdruck gebracht hast, und die damit verbundene Analyse sind Grund genug für Lobbyarbeit, für politische Anwaltschaftlichkeit. Im Grunde wird dadurch auch die Kategorie und die Handlungsdimension der Prophetie berührt.

Ja, das ist richtig.

Krockauer: Leben wir in einer Stunde der Propheten?

Es gibt ja verschiedene Prophetien, es gibt ja auch die Hosea-Prophetie zugunsten eines intensiveren Glaubens.

Aber jene Prophetie, die mit der biblischen Sozialkritik zum Beispiel eines Amos gegeben ist, der dazu aufruft, die Unterdrückung der Bauern zu beseitigen, und deswegen *im Namen Gottes* die Verursacher anklagt, ist hier bitter notwendig. Es geht darum, dass ein religiöses Bewusstsein des politischen Zusammenhangs aufgebaut wird, auch um der Sozialkritik tiefere Bedeutung und Motivation zu geben. Der Tübinger Philosoph Ernst Bloch hat diese Verbindung von Religion und Politik eindrucksvoll wahrgenommen.

Deswegen ist es entscheidend, mit der Theologie oder mit religiösen Symbolen nicht nur die Frage nach Hilfe und Fürsorge zu verbinden, sondern auch die Frage nach der Gerechtigkeit. Und da sind wir jetzt in den Religionen an Stellen, wo es auch in ihnen zu Auseinandersetzungen kommt. Das katholische Opus Dei etwa sagt ganz eindeutig: Die Reichen haben Verantwortung für Almosen, aber sie haben keine Verantwortung im Bezug auf die strukturelle Herstellung sozialer Gerechtigkeit, die Kirche hat die Verantwortung, dass die Armen an Gott glauben und auch die Reichen, damit sie als solche in den Himmel kommen; es ist nicht entscheidend vor Gott, dass die Armen nicht mehr arm sind oder dass es eine christliche Politik in dieser Hinsicht gibt. Das aber widerspricht der biblischen Sozialprophetie. Die Frage nach der Gerechtigkeit führt uns im Christentum selber in eine verschärfte Auseinandersetzung zwischen jenen, die mit Hilfe von Religion die Verhältnisse stabilisieren, und jenen, die sie mit ihrer Hilfe in einer doppelten Wucht kritisieren. Diese Grenzziehung geht quer durch die Religionen hindurch. Das ist eine wirkliche Auseinandersetzung.

Krockauer: Wo würdest Du die prophetischen Kräfte lokalisieren? Sie finden sich ja nicht nur im Rahmen der Institution Kirche wieder.

Ich sehe sie in vielen Initiativen der kirchlichen Entwicklungswerke, Misereor zum Beispiel. Das ist viel Prophetisches und Kritisches im Spiel, auch in innerkirchlichen Auseinandersetzungen. Etwa wenn Misereor mit der kommunistischen Regierung in Vietnam zusammenarbeitet. Das hilft den Armen und den Kindern in Vietnam. Demgegenüber kommt aber jene kirchliche Reinheitsideologie zum Vorschein, dass man sich nicht mit solchen Kooperationen beschmutzen darf. Diese Auseinandersetzung müssen wir suchen und entsprechende Solidaritäten entwickeln.

Bucher: In Deinen Arbeiten, die sich mit den Ausgegrenzten, den Stigmatisierten befassen,[33] ist mir ein Aspekt an Gerechtigkeit in Erinnerung, der mit dem Ökonomischen zusammenhängt, aber nicht mit ihm identisch ist, der Aspekt der Autorität, der Wertschätzung, der Achtung der Armen. Wo gibt es, hier bei uns, Strukturen und Situationen einer Ungerechtigkeit, die sich auf das Gehört-Werden, die Zubilligung von Autorität bezieht? Wer wird überhört, obwohl er was zu sagen hat?

Flächig geantwortet: Der Vertrauensverlust – und der ist wirklich massiv – der Politik und der PolitikerInnen hängt damit zusammen, dass im Volk nicht erfahren wird, dass es gehört wird, dass noch durchkommt, was ihm am Herzen liegt, bei denen, die Macht haben und darin ihre Selbstdarstellung aufbauen. So läuft jedenfalls die Unterstellung;

und diese Unterstellung, denke ich, hat auch reale Hintergründe.

Es ist offensichtlich ein kollektives Bewusstsein entstanden: »Auf uns hört ja keiner.« Das höre ich oft: »Auf mich hört ja niemand.« Das ist eine gefährliche Kultur; auch innerkirchlich. Das ist der schlimmste Kommunikationsabbruch, wenn man aus Erfahrung gezwungen sagt: »Die bitte ich um nichts mehr, weil ich weiß, die hören ja gar nicht.« Innerkirchlich ist das fast schon zwischen oben und unten ein pastorales Schisma und das scheint gesellschaftlich auch der Fall zu sein.

Was ich schon vor Jahren deutlich machen wollte: Die prophetische Kraft der Leidenden, derer, die betroffen sind von den Deformationen der Gesellschaft, jener auch – wenn es zum Extrem kommt – in den psychiatrischen Kliniken etwa, kommt nicht zum Vorschein. Ihr kritisches Potenzial bleibt unter der Glaskuppel der Therapie. Dass manches Krankheitsleiden, besonders auch psychisches Leiden, von den gesellschaftlichen Verhältnissen wie Arbeitslosigkeit, verschärfte Mobbingfälle etc. selbst verursacht ist, kommt nicht heraus, es wird nicht nach außen hin gehört. Was muss sich in der Gesellschaft verändern, dass so etwas nicht geschieht? Wer will und leistet den Transfer?

Krockauer: Was liegt da im Argen? Ist das eine Form von Ermüdungserscheinung der Demokratie?

Ja, einer Demokratie, die wirklich an der Wichtigkeit aller, auch der scheinbar Unwichtigen, orientiert ist. Dann gäbe es nicht das Problem der Trennung von Therapie und Politik zum Beispiel. Es wird viel zu säuberlich getrennt, innerkirchlich ja auch, wie etwa zwischen Caritas und Gerechtigkeit, wenn für die Erstere die Kirche und für die Zweitere der Staat zuständig ist. Das sind Strategien und sie haben System, weil sie das »gesunde« Ablaufen für wichtiger erachten als die Unterbrechungen der »Kranken«. Wenn Herzinfarktpatienten ihre Krankheitsunterbrechung nicht als Kritik an ihrem bisherigen Leben auffassen, vergeben sie die Chance, die in dieser Unterbrechung liegt, um eines anderen Lebens als bisher und damit auch um des Überlebens willen. Oder: Sind nicht die relativ unverstellten Reaktionen eines psychisch kranken Menschen eine möglicherweise gesunde Reaktion auf kranke Verhältnisse? Eine Therapie, die von solchen Betroffenen keine entsprechende Botschaft für die darüber hinausgehende Umgebung erwartet, therapiert zwar den betreffenden Menschen, verhindert aber gleichzeitig die entsprechende »Therapie« an der Gesellschaft.

Bucher: Ich möchte dieses Thema ausweiten und eine gesellschaftsanalytische Frage stellen. Deiner Theologie ist jeder Kulturpessimismus fremd, insofern er eine Entsolidarisierung gegenüber den Menschen von heute bedeuten würde. Andererseits gehört Kritik ungerechter Strukturen und Realitäten auch zur Solidarität mit der Gegenwart. Was ist Deine zentrale Kritik an der bundesrepublikanischen Gegenwartsgesellschaft? Wo liegen ihre Stärken, etwa im Vergleich zu historischen Vorgängerphasen?

Ich möchte es positiv beantworten: Eigentlich hätten wir immer noch die notwendigen Ressourcen, um lokal und global den richtigen Weg zu gehen. Aber er muss in den kommenden zehn Jahren entschieden werden, sonst ist vieles zu spät. Unsere Nachkommen werden es büßen müssen.

Biographisch kann ich sagen: Ich bin dankbar für diese Bundesrepublik. Was sie mir geschenkt hat, das ist wirklich sehr viel; vor allem in der Demokratisierung von Bildung, in schulischer Lernmittelfreiheit, im kostenlosen Studium, Honnef- und Bafög-unterstützt. Es wäre darauf zu schauen, wie die entsprechenden Instrumente, die es in vielen Bereichen gibt, weiterhin gesteuert werden und wofür sie eingesetzt werden. Das wäre für mich die Grundfrage. Wir hätten viele Möglichkeiten. Manche davon habe ich persönlich erfahren. Ich möchte einfach, dass die kommenden Generationen es mindestens ebenso erfahren dürfen, und zwar weltweit.

Bucher: Von der kritischen Seite her, wo schleicht sich etwas ein, das Dir wirklich Sorge macht? In unserer Gesellschaft?

Das ist zuerst einmal die Außenbeziehung. Das betrifft die militärische Präsenz in Afghanistan, in einer schier ausweglosen Situation, wo Dialog mit den anderen nicht möglich ist oder noch zu wenig kreativ betrieben wird. Das hängt auch mit der Innenproblematik zusammen: Wie gehen wir mit Wirklichkeiten um, die »uns« radikal ablehnen? Das wäre etwa die Frage: Wie geht man nicht-fundamentalistisch mit fundamentalistischen Gruppierungen um, welche Erfahrungen ziviler Konfliktbearbeitung gibt es da?
Meine Sorge für die Bundesrepublik unmittelbar in ihrem Inneren, das wäre die Sorge, dass der Trend zur Entsolidarisierung weitergeht. Es ist die Sorge, dass die Menschen und Völker, die, wie man so sagt, alles haben, zu wenig die Fähigkeit aufbauen, Verzicht zu lernen und zu teilen. Es ist aber für die Zukunft entscheidend, solche Fähigkeiten

grundzulegen. Gleichzeitig werden sie durch den drohenden Entzug von Ressourcen und die sich steigernden Ängste um das Eigene blockiert.

Krockauer: Wenn man Deine Kritik »Auf uns hört ja keiner« konstruktiv wendet: Wie müsste eine »Kultur des Hinhörens auf die Stimme der Leidenden«, auf die Autorität der Unterdrückten ausschauen?

Ich bleibe bei der Stelle, wo wir unseren Nahbereich haben: die Kirche und eine Stadt, ein Stadtteil oder ein Dorf. Es geht im Grunde nur in von Gesicht-zu-Gesicht-Beziehungen, diese Kultur des Hinhörens aufzubauen. Wie Jesus erst einmal den blinden Mann fragt, was er ihm tun solle. Nicht einmal heilen will er ihn über dessen Kopf hinweg (vgl. Mk 10,51).
Vielleicht kann man meine Sorge auch daran zeigen, wie gegenwärtig der Teilhabediskurs in der Öffentlichkeit geführt wird. Er hat wohl seinen Ursprung in der Integrationsbewegung für behinderte Menschen und ist jetzt zum Leitbegriff für akute ähnliche Probleme in der Gesellschaft geworden, im Bereich der Migration, der Arbeitslosigkeit und nach wie vor behinderter Menschen. Und alle sind dafür, auch die politischen Parteien. Das ist verdächtig. Denn die einen verstehen darunter, dass bestimmte Menschengruppen in die Gesamtgesellschaft integriert werden, bei gleichzeitigen Einsparungen an den besonderen Einrichtungen für diese Gruppen, z. B. in den Wohlfahrtsverbänden. Es geht also um den Abbau des Sozialstaates. Denn es werden auch keine zusätzlichen Gelder für die nötigen Mentalitäts- und Strukturveränderungen in der Gesellschaft investiert. In einer unsolidarischen

Gesellschaft haben behinderte Menschen keinen Platz und dann auch keine schützenden Institutionen mehr. Andere, wie zum Beispiel die Wohlfahrtsverbände, verstehen unter Teilhabe das genaue Gegenteil: nämlich sich dafür einzusetzen, dass sich mit der Inklusion, also mit dem Einbezug beeinträchtigter Menschengruppen in das Alltagsleben, auch die Gesamtgesellschaft zugunsten der anderen verändert, wofür aber zusätzliche Ressourcen in die entsprechende Sozialwesenarbeit zu investieren sind. Am Beispiel der Schulpolitik: Man kann nicht die Inklusion von behinderten Kindern fordern, ohne zusätzliche Kräfte in die schulische Sozialarbeit und für die Schulseelsorge bereitzustellen. Die Lehrkräfte allein wären überfordert.

Krockauer: Welche Bedeutung hat das für den Sozialraum der Kirche?

Wenn Menschen erfahren, dass das, was sie sagen, auch wichtig genommen wird, auch und gerade bei Widerspruch wichtig genommen wird, und nicht mit Solidaritätsentzug bestraft wird. Und vor allem, wo Menschen erfahren, dass sie nicht nur gehört werden, sondern dass sich auch etwas tut und verändert, unmittelbar und im politischen Engagement. Wo das geschieht – und das kann überall geschehen, von der Familie bis zur Gemeinde, bis zur Kommune –, wäre das eine Ressource für die gemeinsame Bewältigung der Zukunft.

Bucher: Es gibt in der Theologie genau genommen zwei Gerechtigkeitsbegriffe: jenen, über den wir jetzt zumeist gesprochen haben, einen im weitesten Sinne sozialethischen, und dann noch jenen, der über Martin Luther gar zu einer

Trennung der Konfessionen geführt hat. In der Theologie hängt so ziemlich alles mit allem zusammen, die beiden Gerechtigkeitsbegriffe sicher. Wie?

Israel lebte von der Vorstellung, dass es das Gelobte Land von Gott als Geschenk bekam mit der Verpflichtung, damit gerecht umzugehen. Deshalb gab es das Jubel-, Sabbat- und Erlassjahr, um nach der Entstehung ungerechter Verhältnisse wieder den Urzustand der Gerechtigkeit herzustellen. Hier zeigt sich die intensive Verbindung von Gottes schenkender Gerechtigkeit und der Gerechtigkeit zwischen den Menschen. Die allseitige göttliche Gabe ermöglicht und benötigt die Aufgabe menschlicher Gerechtigkeit. Das Teilen der Reichen zugunsten der Armen ist hier also im Rechtssystem verankert. Dies widerspricht der Sozialethik, wenn sie Solidarität mit den Armen auf ein tugendethisches ungeschuldetes Handeln der Person reduziert. Denn in Israel ist es ein rechtlich einklagbares, also geschuldetes, weil not-wendendes Handeln. Solidarität ist damit ein Rechtsanspruch der Armen auf dem Hintergrund der alles schenkenden Freigiebigkeit Gottes und seines Willens, dass seine Geschenke allen zugute kommen.

Gottes und der Menschen Gerechtigkeit hängen schwierig zusammen – und auch wieder sehr einfach. Es ist etwas ganz Verrücktes. Im Grunde ist jene Gerechtigkeit, die von Gott her kommt, eine Gerechtigkeit, die aus unserer Perspektive zunächst höchst ungerecht ausschaut. Das Gleichnis von den Arbeitern im Weinberg (Mt 20,1–16) hat erst einmal einen Anteil von Verteilungs-Ungerechtigkeit, denn die am wenigsten getan haben, bekommen den gleichen Lohn wie die, die den ganzen Tag im Weinberg waren. Die asymmetrische Reaktion Gottes reagiert bereits auf die Ungerechtigkeit, dass die Ersteren bis dahin keine Arbeit bekommen haben.

Darüber hinaus profitieren wir alle gerade von dieser unteilbaren Gerechtigkeit der Liebe, die sich nicht von unserer Leistung, von der Leistung der Menschen abhängig macht. Diese Liebe gilt dem schlimmsten Verbrecher wie auch dem gläubigsten Menschen oder dem besten Menschen. Das ist erst einmal etwas so Unerträgliches wie Gnadenreiches. Denn es hat mit dem Geheimnis Gottes zu tun, mit der Unbedingtheit Gottes.

Es ist aber auch ganz wichtig, demgegenüber festzuhalten, dass es Gott nie gleichgültig ist in dieser geschenkten Liebe, wie die Menschen sind. An dieser Stelle kommt der Aspekt unserer Art von Gerechtigkeit zum Zug. Das spiegelt sich in den vielen Gleichnissen der Bibel wider, wo das Verhältnis von Gott zu uns in der Perspektive von Ökonomie, also etwa von Lohn, dargestellt wird. Das heißt also: Es ist beides sehr ernst zu nehmen: Gottes Gerechtigkeit als Gnade und göttliche Gerechtigkeit als Erfüllung menschlich ersehnter und einklagbarer Gerechtigkeit.

Das bezieht sich dann auch auf das Gericht. Nichts, was an Leiden geschehen ist, wird – und das ist jene Gerechtigkeit, die wir einklagen – jemals vergessen sein, und nichts, was getan wurde, wird jemals unbedankt oder ungesühnt sein. Hier wird es eine für uns unvorstellbare Wirklichkeit, die wir Gericht nennen, geben, in der in der gnadenreichen Gerechtigkeit Gottes diese zwischenmenschliche Gerechtigkeit realisiert wird. Denn Letztere kann nur geschehen auf dem Hintergrund dann nochmals einer diese Gerechtigkeit übersteigenden Versöhnung, die allen geschenkt ist. Zugefügtes Leiden kann nicht durch flächendeckende Versöhnung übergangen werden. Es kann niemals ungeschehen gemacht werden. Nicht als Leistung, sondern als Gnade angesichts der nun total offenbaren Liebe Gottes werden die Auferstandenen in unterschiedlicher Weise diese Liebe erfahren, je nachdem was sie für ein Leben und welche Taten sie hinter sich haben. Dies ist ein wichtiger Aspekt der Gerechtigkeit: Alle sind in der Versöhnung von Gott geliebt, aber für alle gilt auch, dass sie mit unterschiedlich brennendem Herzen und schmerzendem Geist darin ihre eigene Identität gewinnen. Dass dieses Brennen in seiner Intensität angesichts des Opfers dem vom Opfer erlittenen Leid »entspricht«, zeigt, dass dies alles nicht billig gedacht werden darf.

Die menschliche Sehnsucht nach ausgleichender Gerechtigkeit bis hin zum Schrei nach Gerechtigkeit wird nicht zuschanden, aber muss sich nicht mit dem Ausgleich begnügen, sondern wird in eine Unerschöpflichkeit an Gottes Gerechtigkeit, die in ihrer Liebesdynamik niemals aufhört, aufgenommen, in solcher Unendlichkeit, dass sie auf keinen Ausgleich angewiesen ist und jeden Ausgleich überschwänglich und überbordend überbietet. Vielleicht kann man es auch so formulieren: Unsere Sehnsucht nach Gerechtigkeit wird in Gott die Erfüllung finden, aber Gottes Gerechtigkeit wird noch weit darüber hinausgehen, wird darin nicht aufgehen. Diese Spannung ist im Diesseits nicht aufzulösen.

4. Seelsorge

Krockauer: Das Konzil hat uns aufgetragen, die Zeichen der jeweiligen Zeit im Licht des Evangeliums zu deuten. In einer späten Moderne, die eine Zeit der vielfältigen Transformationen mit sich bringt, erlebt der Mensch auf der personalen Ebene die ganze Dramatik des Umbruchs, vor allem auch in persönlichen Krisen, in denen Menschen auf Begleitung und Deutung angewiesen sind – auch und gerade für »Seelsorge«. Ist der Begriff der Seelsorge für Dich noch zeitgemäß, oder ist er vielleicht zeitgemäßer denn je? Und was könnte Seelsorge im Jahr 2010 sein?

Als Begriff ist er vielleicht nicht zeitgemäß, aber er ist auch theologisch unzureichend, wenn er sich nur auf die Seele konzentriert. Das hat so einen Klang, als würde man sich um die Seele sorgen, damit sie in den Himmel kommt. Das auch, aber nicht ohne den Leib und nicht ohne den sozialen Leib der anderen. Was schon immer dahinterstand, auch in der Pastoral der Kirche, war ja nicht nur die Sorge um die Seele, sondern die Sorge um den ganzen Menschen. Ich denke, aus dieser Perspektive ist diese Sorge um den körperlichen und sozialen Leib nicht nur nötig, sondern drängend. Es gibt so viele Erfahrungen von sogenannten kleinen Nöten, die sich dann sehr schnell zu großen Nöten auswachsen. Die Kirche, die Christen und Christinnen, aber auch vor allem die Haupt- und Ehrenamtlichen, stelle ich mir als Menschen vor, von denen diese Nöte frühzeitig wahrgenommen werden. Menschen, bei denen andere erfahren, da gibt es Menschen, die sorgen sich um uns. Diesen Begriff der Fürsorge würde ich nicht schnell diffamieren, etwa aus der Perspektive der Versorgung. Der Begriff rettet das Bedürfnis von Menschen, dass sich andere um sie sorgen und dass sie sich um andere sorgen. Das ist Basis des Seelsorgebegriffs.

Seine Wirklichkeit zielt auf eine soziale Atmosphäre, in der Brüche des Bisherigen ausgesprochen werden können. Das ist eine besondere Herausforderung, denn ich vermute, dass es auch Gemeinden oder andere Sozialformen von Kirche gibt, wo, wenn jemand beispielsweise arbeitslos wird, er oder sie das nicht unmittelbar aussprechen kann, aus Ängsten heraus, jetzt nicht mehr wertgeschätzt zu werden. Daran wäre zu arbeiten, Gemeinschaften und Begegnungen so zu gestalten, dass dort Menschen ihre Nöte erzählen können, ohne dabei verkleinert zu werden. Damit sie mit ihren Nöten nicht nur auf ihren Privatbereich beschränkt bleiben und darin völlig überfordert sind. So dass Nöte von Menschen überhaupt ernst genommen werden und dass nicht nur die zusammenkommen, bei denen alles »in Ordnung« ist; sondern dass es einen Ort gibt, wo auch ausgetauscht werden kann, wenn jemand krank ist, wenn Not am Mann oder an der Frau ist. Das ist die Verantwortung von Seelsorge, einen Raum zu schaffen, wo Freiraum ist, so etwas zu sagen und dem oder der anderen davon zu erzählen.

Bucher: Bevor wir auf die Frage kommen, wo es denn solche Räume gibt oder wie Du Dir diese vorstellst, noch eine Nachfrage: Du hast den Begriff der »kleinen Nöte« genannt, die sich zu großen auswachsen können. Was sind, aus Deiner Erfahrung als Seelsorger, die zentralen »kleinen Nöte« von Menschen heute, hier bei uns?

Es sind auch Nöte, die mit dem Glauben selbst zu tun haben. Es gibt z. B. viele Eltern, die sehr darunter leiden, dass ihre heranwachsenden Söhne und Töchter in ganz andere Richtungen gehen, als sie es sich eigentlich vorgestellt haben. Man muss nicht einmal unterstellen, dass sie von ihren Kindern möchten, dass sie so werden sollen, wie sie es wollen. Nein, oft gehen die Kinder einfach so völlig anderswohin, dass sie's gar nicht verstehen. Bei sehr religiös und christlich geprägten Eltern ist es die Not, dass sie erfahren, dass die Heranwachsenden nichts mit Kirche zu tun haben wollen. Das wird dann oft zu einer großen Not, nämlich bis in die Frage hinein: Wie steht denn Gott jetzt zu diesen Weglaufenden? Zu denen, die nichts mehr mit Gott zu tun haben wollen? Sind die jetzt verloren? Oft wird das nicht ausgesprochen, ist aber eine große Sorge.

Bucher: Was sagst Du den so Fragenden?

Diese Fragen kommen sehr oft bei Veranstaltungen. Dann kann ich im Grunde – wie schon vorhin angedeutet – nur davon sprechen, dass wir daran glauben, dass Gott die Menschen bedingungslos liebt – noch bevor sie sich verändert haben. Dass Gott also seine Liebe niemals zurückzieht – auch von den jungen Leuten nicht, die weggehen. Ich spüre, dass das viele unglaublich erleichtert. Es ist eine wirklich frohe Botschaft für sie. Sicher, sie haben weiter noch Angst um ihre Kinder, müssen aber nicht nochmals eine doppelte Angst haben, dass auch Gott ihre Kinder fallen lässt.

Bucher: Neben dieser Sorge gibt es auch gravierende Existenz- und Lebensprobleme: scheiternde Beziehungen, schwere Krankheitserfahrungen, Mobbing, Situationen, wo Menschen Rat und Beistand brauchen, und vor allem jemanden, der ihre Sorgen teilt. Was musste geschehen sein, dass Du sagen konntest: Das ist jetzt – theologisch gesprochen – ein Geschenk der Gnade gewesen, da ist das passiert, weswegen es Seelsorger und Seelsorgerinnen gibt!

In den letzten beiden Jahren habe ich drei schwerstkrebskranke Menschen begleitet, bin ein Stück mit auf ihrem Weg dabei gewesen, auch in ihren letzten Lebensphasen und Tagen. Viel kann ich davon hier nicht erzählen, nur: Es waren Stunden intensivsten Lebens, der Klage, der Hingabe. Das sind schlimmste Erfahrungen, aber in denen dann – ja, wie Du es formuliert hast – etwas von Gnade aufscheint, von Erlösung und von Erlösungshoffnung. Hier kann nichts mehr an Ohnmacht verdrängt werden und hier wird Bonhoeffers Einsicht wahr: Nur der leidende Gott kann helfen und wird retten.

Bucher: Welche Voraussetzungen benötigen Seelsorgerinnen und Seelsorger, dass so etwas gelingt? Welche Seelsorgekompetenzen müssen wir in der Ausbildung von Theologiestudierenden vermitteln? Zumal die Tätigkeit später in einen sehr personalen Bereich hineinreicht, der nicht einfach so zu lehren ist, wie Fakten zu lehren sind.

Ich denke, die meisten Menschen haben diese Kompetenz in sich. Sie ist bei SeelsorgerInnen entsprechend zu entfalten. Da wäre zunächst einmal die Kompetenz, die ich nennen würde: Empathie, also Einfühlungsvermögen, mit der nötigen Distanz. Und beides immer auch gleichzeitig. Das heißt, die Kompetenz zur Distanz, dass ich mich nicht im

– sehr gut –

Leiden des anderen auflöse und direkt damit verwachse, sondern die Möglichkeit behalte, als Gegenüber erhalten zu bleiben. Aber das Gegenüber-sein-Können – was auch erwartet wird – ist nur dann möglich und nicht kalt, wenn es von Empathie getragen ist. Das ist oft gar nicht so einfach, diese Gratwanderung zu leben. Daran müsste viel in der Ausbildung gearbeitet werden, zumindest muss es immer wieder thematisiert werden, dass es darauf ankommt: Empathie und Distanz. Und dass beides wichtig ist. Die Menschen sollten merken, dass ihnen andere gegenüber sind, die spüren, wer sie sind, und die Mitleid zeigen, kein abwehrendes Mitleid, das nur mit der Angst um eigenes Leid beschäftigt ist, und auch kein Mitleid, das im anderen versinkt. Nein, vielmehr ein Mitleid, das noch mit einer anderen Welt, als ich selber bin, auf den anderen zuzukommen vermag, die von daher Trost zu spenden vermag.

Krockauer: Das heißt, Seelsorgekompetenz setzt auch eine Sprachfähigkeit voraus, diese andere Welt nicht nur in der Haltung, in der Art der Begleitung – quasi implizit – zugänglich zu machen, sondern auch explizit zu vermitteln?

Ja, vielleicht bleibe ich bei dem Beispiel von Menschen, die im Grunde auf den Tod zu leben und zu leiden, also auch Schmerzen haben. Was tröstet da noch, wo es keine Hoffnung im Bezug auf das Körperliche im Diesseits gibt? Die erste Sprachfähigkeit ist, die eigene Sprache zu verlieren. Wichtig ist, jene Zeiten zu spüren, in denen zu schweigen ist, indem man einfach nur dabeibleibt und nichts anderes sagen kann, weil jedes Wort jetzt gläsern ist und zerspringt. Auch jedes religiöse oder theologische Wort, das kann man

– sehr gut –

sich dann wirklich sparen. Dann gibt es aber auch Zeiten, sich auf die Suche zu machen im Gespräch selber, nach einem Wort des schwerkranken Menschen. »Sprachfähig« zu sein heißt dann, auf diesem Wort des anderen aufzubauen, weil es etwas ist, was an Sehnsucht von dem Menschen selber kommt. Es heißt dann, sich ganz vorsichtig daran anzuhängen und zu sagen: Ja, das könnte so sein; oder: Daran glaube ich auch. Das ist eine Sprachfähigkeit, die nicht verwechselt werden darf mit »Jetzt rede ich, da ich zu reden habe«. Sondern es ist eine Sprachfähigkeit, die die Unterbrechung des Sprechens beinhaltet, genauso wie ein neues Sprechen auf sein/ihr Wort hin.

Bucher: Was macht diese Fähigkeit zur Seelsorge, die Du jetzt umschrieben hast, kaputt? Welche Haltungen muss man unbedingt vermeiden, weil sie diesen sensiblen Bereich, wo das seelsorgliche Gespräch beginnt, verstellen?

Da ist etwas, was ich aus meinen ersten Kaplansjahren als einen großen Überdruck erfahren habe. Ich habe wirklich Zeit gebraucht, um das abzubauen. Das ist der Überdruck, als würde ich, weil ich von der Offenbarung, vom Glauben komme, der sein, der jetzt in einer Situation Antwort zu geben hat. So als müsste ich dem anderen etwas erklären oder von Gott her sagen, warum das so oder so ist. Das ist im Grunde schon die Zerstörung von Empathie. Das Entscheidende ist hier, sich nicht auf die Seite Gottes im Gegenüber zum anderen zu stellen, sondern sich auf die Seite des anderen im Gegenüber zu Gott zu stellen, also diesen Wechsel zu vollziehen.

Mir ist das sehr in der Beschäftigung mit der Klagespiritualität aufgegangen. Wenn Menschen in Not sind, gilt es, sehr gut

mit ihnen Gott gegenüber zu klagen – denn wir verstehen es ja genauso wenig, warum das jetzt so ist, warum der Mensch jetzt in dieser Krankheit ist und so viele Schmerzen hat. Fatal wäre, sich einzubilden, man könnte jetzt von Gottes Seite her – das ist ja die Versuchung der drei Freunde bei Hiob – Antworten geben, warum etwas ist. Diesen Gotteskomplex halten weder wir noch die anderen aus. Vielleicht gab es eine Seelsorgeerziehung, die sehr darauf angelegt war oder immer wieder darauf angelegt ist, Antworten zu geben. Ich glaube, den Druck brauchen wir gar nicht aufzubauen, alles ergibt sich in dem Maße, wie wir uns tatsächlich auf die Seite der Betroffenen stellen und von ihnen her und mit ihnen nach Gott suchen. Auch hier gilt das Wort Jesu: Macht euch keine Sorgen, was Ihr sagen sollt. Denn der Heilige Geist wird euch das Notwendige eingeben (vgl. Lk 11,11–12). Darin kann dann auch in sensibler Weise gewagt werden, vom Evangelium her Hoffnungen und ermutigende Inhalte zuzusprechen, die als neu und unerwartet erlebt werden.

Bucher: Wie wird dann durch den Seelsorger, die Seelsorgerin Gott in diese Beziehung eingeführt, wenn man sich nicht einfach auf die Seite Gottes stellt und die Gottesmacht für sich beansprucht, sondern auf die Seite des Leidenden, des Menschen geht? Denn natürlich wird man als Seelsorger, Seelsorgerin auch mit der Erwartung konfrontiert, eine spezifische Thematisierung Gottes, eine Verbindung mit Gott in dieses Gespräch, in diese Situation einzuführen.

Die Grundspiritualität, die dahinterliegt, ist eigentlich die, dass Gott längst da ist – also nicht eingeführt werden muss, sondern dass es wichtig ist, wie er da ist. Es kommt darauf

sehr gut

an, eine Form zu finden, um das zum Ausdruck zu bringen, und nicht der Vorstellung zu unterliegen: Wenn ich nicht die sprachliche Form finde, ist er nicht da. Was ist denn das für ein verrückter Druck, als wäre ich derjenige, der Gott sozusagen präsent machen könnte?! Ich meine, da hat Karl Rahner wirklich etwas unglaublich Tiefes empfunden, dass uns die Ausdrücklichkeit dessen geschenkt ist, was überall der Fall sein kann. Das kann heißen, in der Situation selber mit den anderen die Gottgegebenheit zu suchen, und das kann dann auch heißen, dass keine sprachliche Form dafür gefunden wird. Es kann auch sein, dass man dann »nur« in ein Gebet mündet, in ein Gebet, das alle auswendig kennen und gerade jetzt trägt. Nichts ist planbar.

Natürlich verstehe ich auch die Frage danach, wie Gott zur Sprache kommen kann. Sie ist nicht vorschnell zu erledigen. Es ist ja auch unsere Sendung, in einer erschließenden und erlösenden Form von Gott zu sprechen, damit Trost geschehen kann, nochmals über menschlichen Trost hinaus. Das ist richtig. Nur, wie geschieht das? Es kann ein religiöses Wort in einer Situation fallen – ein sehr gutes Wort von Gottes Liebe – und die Situation ist so, dass ein solches Wort dann als Schlag ankommt und nicht als Erlösung. Genau das ist der Punkt, das richtige Wort zum richtigen Augenblick zu finden. Ich denke mir immer, es ist dann besser zu stottern, als ganz sicher zu sein. Denn ich brauche Gott hier nicht herzuzaubern.

Bucher: Meine Frage war auch von der Differenz zwischen einem Therapeuten und einem Seelsorger motiviert. Was kann ein Seelsorger, eine Seelsorgerin noch einbringen, was ein Therapeut oder eine Therapeutin nicht einbringen kann? Denn das begründet ja auch die Legitimität der Krankenhausseelsorge.

Ich will das an einem Beispiel deutlich machen. Es ist mir von einem anderen Ort her klar geworden. Wir hatten einen Kongress mit Therapeuten und Therapeutinnen. Ich trete ihnen sicher nicht zu nahe, wenn ich sage: Das sind meistens nicht sehr nahe am kirchlichen Glauben orientierte Menschen. Uns wurde gesagt: Im Gegensatz zu der der Gesellschaft unterstellten Schuldlosigkeit und Schuldunfähigkeit, auch der Unfähigkeit zu trauern, sei in der personalen Therapie die Frage nach der Schuld oft eine sehr wichtige: Wir können Anamnesearbeit anregen, wir können Klärungen versuchen, aber was wir niemals sagen können, ist: »Deine Schuld ist Dir vergeben.« Weil wir die Verantwortung nicht übernehmen können für das, was der Klient oder die Klientin an Leid verursacht hat.
Hier wurde mir klar, was das Eigene und zugleich Andere ist. Nämlich im Auftrag eines Gottes, der sich so in die Sühne für die Schuld der Menschen hineinbegeben hat, Menschen zu sagen: Deine Sünden sind Dir vergeben, und zwar tatsächlich, endgültig, ein für alle Mal. Hier wäre eine Bußseelsorge gefragt, in der von Gott her Vergebung zugesprochen werden kann, weil er selbst in Christus bis über den Tod hinaus für Versöhnung, Sühne und »Wiedergutmachung« einsteht. Dieses Wort zu hören wäre eine neue Form von Kasualpastoral: als Segen für das Leben, als Ordnung in der eigenen Biographie, als neue Erfahrung, angenommen zu sein, als Kraft zur eigenen Sühne und Wiedergutmachung. Wir haben in der Beichtpastoral versäumt, einen Kontakt zu ermöglichen mit der Sehnsucht der Menschen, dass ihre Schuld vergeben wird. Dass sie wieder neu

anfangen können, dass sie nicht darin ersticken müssen, und zwar bis in das Psychosomatische hinein.
Das ist ein Beispiel, wo ich merke, dass, wenn ich sage »Deine Sünden sind Dir vergeben«, dies therapeutische Wirkung hat, aber darin nicht aufgeht. Weil es etwas ist, das im Grunde nur aus der Perspektive des religiösen oder des christlichen Glaubens, mit Gott im Rücken, gesagt werden kann. Ein anderer kann es niemals sagen – wenn er nicht verrückt ist oder sich selbst völlig überschätzt.

Krockauer: Du berührst damit einen Nerv im interdisziplinären Gespräch mit den helfenden therapeutischen Berufen und zeigst gleichzeitig auch auf, dass Seelsorger kein Extraterrain beanspruchen, sondern im Grunde im Miteinander mit den anderen helfenden Berufen etwas Eigenes einbringen. Das ist, denke ich, ein wichtiger Aspekt, weil man der Seelsorge oft unterstellt, sie mache halt so eine Art »Sonderzirkus«. Dabei trägt sie etwas Eigenes bei. Vielleicht können wir das noch einmal vertiefen. Ein wichtiger Aspekt im therapeutischen Prozess ist sicher die Frage nach der Schuld, eine andere Frage ist die nach der Endlichkeit der Zeit. Vielleicht kannst Du nochmals das »Mehr« der Seelsorge und damit auch der Theologie im Hilfeprozess exemplifizieren?

Es gibt ein mehr oder weniger verdrängtes, aber in jedem Fall wirksames Bewusstsein dafür, dass alles ein Ende hat. Die Frage ist: Wie reicht es so ins Leben hinein, dass es dem Leben guttut? Was hier von Seiten des Evangeliums und damit auch von der Seelsorge ins Leben scheinen könnte, wäre, dass die Begrenztheit der Zeit, die wir zur Verfügung haben, die Tatsache, dass es ein Finale gibt, auch ein Tat-

bestand der Hoffnung ist. Dass wir nicht unter dem Druck stehen, was immer wir jetzt tun, mit rastloser Zeitnot und im Zeitraffer tun zu müssen, so als hinge alles von uns ab. Aufscheinen könnte, dass irgendwann einmal diese Zeit in die Hand Gottes hinein abgegeben werden darf und er alles beendet – wie immer das aussieht, am Ende der Welt und am Ende des einzelnen Lebens.
In einem solchen Glauben kann ich mir dann auch so etwas in dieser Zeit erlauben wie, darin Luft zu haben, darin nicht unter Druck zu sein, auch gegenläufig zur gesellschaftlichen Verhackstückung und Vermarktung von Zeit. Jesus ist ja wochenlang in die Wüste gegangen und hat sich auch, gegenläufig zur diakonischen Notwendigkeit, alle heilen zu müssen, nicht unter Druck setzen lassen, sozusagen totalitär Not beseitigen zu müssen. Obwohl wir das gerne wollten bzw. obwohl wir auch darunter leiden und Gott wegen des Leidens in der Welt auch anklagen. Dahinter steht die trostreiche Botschaft: Wir müssen und können niemals alles verändern, aber es wird einmal alles verändert werden.

Krockauer: Das heißt, der Gottesglaube ist hier ein kritischer Einspruch auch gegen jegliche Allmachtsphantasien, die ja auch im therapeutischen Prozess wachsen können – Heilung zu »machen«.

Es gibt auch so etwas wie eine Heilung durch Hoffnung auf das Heil. Ich denke an die Auseinandersetzung des Paulus mit der Einstellung der Korinther (1 Kor 15), dass Auferstehung nur etwas sei, was ich gegenwärtig erfahre. Alles darüber hinaus interessiert nicht. Paulus besteht darauf: Nein, so ist es nicht gemeint: Die Toten werden auferstehen. Dass es dieses Darüberhinaus gibt, ist die Möglic keit, menschlich in einer Situation zu leben, wo ich kei Heil erfahre, und im Zugrundegehen noch einen Funken Hoffnung haben zu können.

Von daher erschließt sich jener geheimnisvolle Satz, den mein Freund Helmut Merklein, der nicht weit von hier in Ebensfeld begraben ist, schreibt: »Wir können keine heile, wohl aber eine heilige Welt gestalten.«[34] Auch im Unheil seiner tödlichen Krebserkrankung wusste er sich in der Heiligkeit, in der Nähe Gottes. Gott geht in der Sehnsucht und hoffentlich oft auch Erfahrung, Gottes Nähe im Heil und Wohlergehen zu erleben, nicht auf. Vielleicht geben die Evangelien manchmal selbst zu diesem Missverständnis Anlass. Die durch Jesus vermittelte Gottesnähe wird vorwiegend als Heilung erzählt. Spätestens am Kreuz jedoch wird dieser Zusammenhang gründlich zerbrochen. An Jesus ereignet sich kein innergeschichtliches Wunder. Für die meisten Menschen sind nur selten die Wundergeschichten, sondern gerade das Andere ihr Teil in dieser Welt: die Erfahrungen der Ohnmacht, des Misserfolgs und des Leidens, erfahrbar vor allem im Zusammenhang der Diakonie und der Caritas. Auch hier gilt Merkleins Einsicht: Auch wenn wir keine heile Welt gestalten können, bleibt sie doch immer eine heilige, das heißt: eine, die in jeder Situation, auch in der letzten Ohnmacht, mit Gott in Verbindung bleibt. Nichts fällt aus dieser liebenden Beziehung Gottes heraus.

Im Glauben an diese Nähe Gottes in der eigenen Ohnmacht kann von Gott her mit dieser Ohnmacht noch einmal im tiefsten Sinn des Wortes kreativ, schöpferisch im Sinne des schöpferischen Gottesgeistes umgegangen werden, so dass man darin nicht in Hoffnungslosigkeit und

– Ohnmacht – xxx

Verzweiflung untergeht. Aber das ist nicht die Bedingung für die Nähe Gottes: Gott ist auch und gerade dann nahe, wenn die Ohnmacht Verzweiflung gebiert und keine Kreativität auslöst, wie es der Psalm 88 erschreckend eindrucksvoll bezeugt. Heilig ist also nicht nur der Heilige Vater, heilig ist nicht nur die Liturgie, heilig ist das ganze Leben der Menschen, mit all ihren Erfahrungen, den Erfolgen und dem Scheitern, dem Glück und dem Leiden, dem Gelingen und der Schuld. Mit alldem sind wir Geheiligte in unserem Unheil und am Ende in der letzten Ohnmacht, im Tod. Denn geheiligt sein heißt, vom lebendigen Gott her, niemals aus seiner Hand herausfallen können, auch nicht und gerade nicht im Unheil, und schon gar nicht an unserer totalen Handlungsgrenze, im Tod.

Krockauer: Was ist das für ein Gottesglaube, der hier hilft? Der nicht kaputtmacht oder aussondert, sondern der nicht nur den Betroffenen, sondern vielleicht auch den Helfern hilft? Der hilft, sich selbst in einem neuen Licht zu sehen?

Es ist der Glaube daran, dass uns Gott nicht im Stich lässt. Auch in dem Augenblick, wo nichts mehr gelingt, wo alles umsonst scheint. Bei Gott ist nichts davon umsonst. Alles hebt er auf und trägt es mit. Es gilt nicht nur der Glaube an Gott als eine Hoffnung, dass man nicht, jedenfalls niemals endgültig, zugrunde geht, sondern es gilt auch: In dem Hier und Jetzt, in dem ich in äußerster Not und Ohnmacht bin, ist dies der Ort, wo Gott – das ist die biblische Botschaft – mir am nächsten ist, es ist ein Ort der »Schechina«, der Einwohnung Gottes. Das ist aber dazuzusagen, weil es nicht offensichtlich und augenscheinlich ist. Wie der heidnische Hauptmann zur Kreuzesszene bei Markus dazusagen muss, dass hier Gottes Sohn stirbt (vgl. Mk 15,39), denn ansonsten würde man hier nur einen Verbrechertod sehen – und vergessen. Das ist das Widersprüchlichste in der Gottesbeziehung: daran zu glauben, dass er ganz nah ist, dass er alles mit aushält, gerade an der Stelle, wo ich buchstäblich am Ende bin. Das ist Röm 8,26: dass Gottes Geist selbst in uns seufzt.

Krockauer: Das ist in meinen Augen ein wichtiger Aspekt, der brandaktuell ist. Denn es gibt auch unter den helfenden Berufen eine große Not – in der Art zu helfen, in der Überforderung im Helfen, z.B. in den klassischen Burnout-Phänomenen. Angesichts eines hohen und gestiegenen Beratungsbedarfs, einer Komplexität von Nöten führst Du den Gottesglauben als eine Art Lebensnotwendigkeit ein, auch in der eigenen Selbstreflexivität. Wie ließe sich das vermitteln angesichts eines breiten Marktes von Helfern und einer riesigen Therapieszene?

Ich spüre im theologischen Netzwerk des Caritasverbands von Rottenburg-Stuttgart, dass es eine große Sehnsucht unter den helfenden Berufen gibt nach einer Spiritualität, die beides für sie bringt: einmal eine Entlastung in diesem auch professionell dann noch einmal potenzierten Überdruck, der in sich so eine Art Drall zum Perfektionismus besitzt, eine Entlastung darin, dass bei allem Einsatz und bei aller Fachlichkeit letztlich Gott für alles verantwortlich ist. Ich bin verantwortlich, aber ich darf die Letztverantwortung für alles an Gott abgeben, und das ist im Grunde auch die biblische Klage gegenüber Gott: dass er für diese Schöpfung einzustehen hat. Schließlich hat er damit angefangen. Das ist die eine Sache, und die andere ist: sich entlasten zu lassen in der Hinsicht, dass es ein für mich notwendiger Bestandteil meines Helfens ist, dass ich Fehler mache und Grenzen habe; dass ich Menschen nicht gerecht werde. Den einen werde ich gerecht, und gleichzeitig sind die Zeitstruktur und diese Bedingungsstruktur der Welt so, dass ich, wenn ich hier etwas investiere, es dort anderen entziehe. Es geht nicht anders. Das bedeutet ja der Optionsbegriff in der Theologie der Befreiung: Ich kann nie so viel tun, wie ich reden kann. Wenn ich sage, ich kümmere mich beispielsweise um die Jugendlichen, kann ich zwar auch von anderem Notwendigen reden, aber ich kann nicht gleichzeitig etwas anderes tun. Im konkreten Vollzug habe ich keine Möglichkeiten, der Begrenzung meiner Möglichkeiten zu entweichen; die Spannung ist auszuhalten. Für diese grundlegende Situation bin nicht ich letztverantwortlich, sondern Gott ist es. Beide Entlastungen anzunehmen rettet die helfenden Berufe vor ihrer größten Gefahr, nämlich depressiv zu werden.

Krockauer: Wie ist es mit dem Scheitern? Ein ganz heikler Punkt ist ja als Alltagsphänomen das Scheitern von Hilfe, das Scheitern von Gesundung, von Therapie?

Scheitern ist der Ort, wo wir lernen, dass der Gottesbegriff kein anderes oder überstiegenes Wort ist für Erfolg. Das ist die tiefe Botschaft des Kreuzes: dass auch im Gescheiterten Gott *da* ist und sich auch aus dem Scheitern nicht heraushält.
Der Gottesbegriff ist auch kein anderes Wort für die erfolgreiche Befolgung von ethischen oder religiösen Prinzipien. Das ist ein ganz heikler Punkt, auch in vielen anderen Seelsorgebereichen, dass es das letztgültige Prinzip ist,

dass Gott allen, die an »gesunden« Prinzipien gescheitert sind, nahe ist. Das ist eine scharfe Kritik gegen jene Art von kirchenöffentlicher Pastoral, wo moralische Prinzipien wertvoller sind als die Menschen oder wo erfüllte Prinzipien als Bedingung dafür aufgestellt werden, Menschen nahe zu sein. Es bleibt dabei: Der Sabbat ist für die Menschen da!

Bucher: Ich möchte an zwei ganz konkrete Orte menschlicher Existenz gehen, an Orte, wo Menschen Scheitern erleben oder zumindest das Scheitern ständig fürchten müssen. Das sind einerseits die Beziehungen zu den Kindern und die Angst, ihnen nicht das Richtige oder nicht genug davon für das Leben mitzugeben. Die zweite große prekäre Zone menschlichen Lebens ist die Partnerschaft. Die Kinder sind ein unentrinnbarer Zusammenhang, den man bewältigen muss, Partnerschaften haben heute umgekehrt das »Problem der Entrinnbarkeit«: Sie sind alle kündigbar und gleichzeitig mit der großen Hoffnung der Dauer, ja der »menschlichen Ewigkeit« belegt. Du hast Erfahrung in der Begleitung von Menschen in beiden Situationen. Was rätst Du jungen Eltern, die am Beginn ihrer Erziehungsgeschichte stehen?

Ich würde den Rat geben, wofür die ganze Bibel offensichtlich eine Lerngeschichte ist: In der Bibel scheint es so, als müsste Gott über Jahrtausende lernen, dass er bei den Menschen mit Zwang letztlich nichts ausrichtet. Es gibt zwar auch eine Wenn-dann-Logik, also wenn du das und das tust oder nicht tust, dann passiert das und das, z. B. ein Gericht. Aber Gott durchbricht diese Wenn-dann-Logik immer wieder und setzt die je größere Liebe wieder an, damit es

wieder weitergeht. Das würde ich uns überhaupt sagen und dann Eltern im Besonderen, dass sie im Umgang mit ihren Kindern umso mehr manche Sorgen abgeben können, je mehr sie ihre Zwänge zurücknehmen. In dem Maß, wie die Heranwachsenden erleben, dass die Eltern sie tatsächlich bedingungslos lieben, was immer sie einmal tun werden, in dem Maß kann kaum etwas in der Beziehung schiefgehen. Es kann viel misslingen, aber die Beziehung kann dann nie endgültig zerrissen werden – im Gegenteil.
Ich denke, dass das Verhältnis Eltern – Kinder wie in einem Prisma darstellt, eines wirklich zu lernen: über alles, was geschieht, hinweg die je größere Liebe zu leben, bei gleichzeitiger Treue zur eigenen Identität gegenüber den Töchtern und Söhnen, statt gerade in diesem Zusammenhang das eigene Zeugnis aufzugeben. Ich kann es niemandem und auch nicht eigenen Kindern aufzwingen, was mir wichtig ist. Aber – das ist meine Hoffnung, das sage ich oft Eltern – nichts, was wir an Vorbild und an Liebe investieren, ist jemals umsonst. Es kommt irgendwo zurück, irgendwann kommt es jemandem zugute. Es geht nichts verloren. Auch wenn es jetzt ganz anders aussieht. Diese Hoffnung werde ich geben wollen.

Bucher: Und wie steht es mit der Erfahrung der Endlichkeit?

Da könnte ich am Beispiel etwa der Ehe und, damit verbunden, der Ehepastoral antworten. Wenn junge Leute kommen und kirchlich heiraten wollen, dann geht es um das lebensgültige Sakrament. Andererseits spüren die jungen Leute, dass Zuspruch und Wirklichkeit heute weit auseinanderklaffen, dass viele Ehen auseinandergehen. Gleichzeitig gibt es unter den jungen Leuten in Bezug auf die eigene Ehe die große Sehnsucht, dass sie doch ein Leben lang hält. Man kann sich gar nicht vorstellen, dass es auseinandergehen kann, von der jetzigen gegenseitigen Erfahrung her. Hier stellt sich das Problem der Endlichkeit als Problem der Machbarkeit. Am liebsten wollen die jungen Leute die gute Zukunft ihrer Liebe in die Gegenwart hineinsichern.

Zugleich spüren sie: Wir können das sowieso nicht herstellen. Sondern wir können uns eigentlich nur auf eine »dritte« Dimension hin öffnen, die das garantiert, sprich: auf Gott hin öffnen, der unseren Bund trägt und garantiert und dazu ja sagt. Auf dieses Wort verlassen wir uns. Wir verlassen uns nicht auf uns, auf unser Können, sondern wir verlassen uns auf dieses Wort. Das entzerrt das Ganze, das nimmt Fixierungen zurück und eröffnet die Möglichkeit, Gott die Absicherung unseres Bundes zuzutrauen, auch wenn es untereinander einmal nicht so gut klappt. Dass der Bund hält, liegt nicht in der Machbarkeit der beiden, sondern in dem Geschenk, das ihnen längst gegeben wurde. In dem Maß, in dem sie Gott diese Garantie zutrauen und abnehmen, eröffnet sich eine Spiritualität, die trägt, die dann auch über Durststrecken hinweg trägt.

Auf der anderen Seite gilt: Wenn die Ehe scheitert, dann ist es von der seelsorgerlichen Seite her wichtig, Gottes unbedingte Nähe weiterhin zuzusprechen. Es ist einfach eine Verfehlung der Kirche, wiederverheiratete Geschiedene per Gesetz von den Sakramenten auszuschließen. Das ist nicht christlich, denn bei Christus ist es ganz eindeutig, dass er Menschen, die an Prinzipien gescheitert sind, ausgesprochen nah ist und ihre Schädigung verhindert (vgl. Joh 8, 7). Er nimmt die Sünder und Sünderinnen in seine Versöh-

der größte Irrweg der Kirche

nung auf und spricht ihnen neues Leben zu. Ohne darauf zu verzichten, die Übertretung des moralischen Gesetzes als Sünde zu benennen. Zur Ehebrecherin sagt er, dass sie künftig nicht mehr sündigen solle.

Krockauer: Wir thematisieren drei Dinge: Kindererziehung, Ehe bzw. Partnerschaft, abschließend nochmals das große Thema der Endlichkeit. Wenn wir uns umschauen, finden wird einerseits die Erfahrung von Hochaltrigkeit, einer verlängerten und oft auch mit Pflegebedürftigkeit verbundenen letzten Lebensphase, und gleichzeitig einen dramatischen Anstieg auch von Erkrankungen und Krankheitsphasen mitten im Leben. Die Theologie ist ja gewissermaßen auch eine Expertin in der Bewältigung von Krankheit. Was ist der größte Irrweg, den sie – geschichtlich gesehen – in der Seelsorge gegangen ist, in der Begleitung von Menschen, in der Begleitung ihrer Krankheitsphasen?

Der größte Irrweg ist sicher der, Krankheit einfachhin als Strafe Gottes zu verstehen. Dieser Irrweg ist auch in der Bibel vorhanden und wird darin gleichzeitig heftig kritisiert. Der »Irrweg« zeigt aber auch eine Spur, die zutrifft: nämlich dass Krankheit etwas mit Gott zu tun hat, dass es eine vielfältige Spiritualität der Krankheit gibt. So ist es auch wichtig, spirituell, aber auch lebensgeschichtlich, eine Krankheit – ich spreche hier durchaus als Betroffener – nicht nur als etwas anzuschauen, das den normalen gesunden Ablauf unterbricht, der dann an der gleichen Stelle wieder einsetzt, wenn ich gesund bin, so dass es dann weitergeht wie bisher, sondern dass eine Krankheit ein Ort ist, um eine neue Ausrichtung zu gewinnen. Dass sie eine eigene wertvolle – auch wenn das jetzt eigenartig klingt –

notwendende und notwendige Lebensphase sein kann, von der her ich künftiges Leben – wenn ich überlebe – noch mal ganz anders sehe.

Bei der Lektüre von Christoph Schlingensiefs Buch[35] ist mir zum Beispiel ganz klar geworden: Er hat wirklich von seiner Krebserkrankung her sein Leben und seine Beziehungen umgestellt. Das hätte er ohne diese Erfahrung vermutlich niemals gekonnt. Seelsorgerlich ist es wichtig, Menschen, die in Krankheiten sind, derart zu begleiten: mit Krankheit und auch mit Schmerz umzugehen, auch als Erfahrung einer ersten großen Unterbrechung, die mir zeigt, dass das Leben nicht dem Kontinuitätswahn des Bisherigen unterliegt.

Hier berührt sich die Seelsorge mit der Prophetie, die verhindert, dass die Seelsorge zerstörerische Verhältnisse unangetastet lässt, dass sie beschwichtigt, wo sie anklagen müsste, dass sie mithasst, wo sie mitlieben müsste, dass sie Grenzen stabil hält, die zu überschreiten wären, dass sie beruhigt, wo sie aufzurütteln hätte, dass sie die Gottesliebe nur auf die eigenen Bereiche regionalisiert, wohingegen doch Gottes Liebe unteilbar ist und allen Menschen zuzusprechen und zuzuhandeln ist. Die Seelsorge hat Anteil am Gesamtauftrag der Kirche, nämlich, nach Alfred Delp, nicht nur für sich da zu sein, sondern für die andern. Untersuchungen zur Seelsorge an zum Tod verurteilten Naziverbrechern haben gezeigt, das dabei nur die Gottesbeziehung saniert wurde, und zwar ohne den Blick auf die Opfer.[36]

Demgegenüber hat die Seelsorge selbst prophetische Verantwortung zu übernehmen, indem sie nach Spiritualitäten Ausschau hält, welche die Kraft geben, im Vertrauen auf Gott für die Solidarität mit benachteiligten Menschen

Risiken und Nachteile auf sich zu nehmen. Je mehr ein Seelsorgegespräch jene Transzendenz berührt, in der Menschen einen Halt jenseits von sich selbst, nämlich in Gott, erahnen, kann sich das Geschenk jener Gnade erschließen, die von diesem Halt außerhalb unserer selbst den Selbsterhalt relativieren kann. Wo die Seelsorge derart zur Spiritualitätssorge wird, ermöglicht sie den lebenslangen Weg von der Selbst- zur Fürsorge, von der Consolidarität mit seinesgleichen zur Prosolidarität für die, die keine Stimme haben und von denen keine Gegenleistung zu erwarten ist. Die Prophetie geht nicht einfach in einer gelingenden Seelsorgebeziehung auf, sondern kann ihr ganz anderer, vielleicht auch sperriger Bestandteil sein, vielleicht sogar einer, der eine überraschende therapeutische Kraft hat, gerade auch dann, wenn es um Inhalte geht, die in dieser Seelsorgebeziehung zunächst nicht gesucht werden.

Manchmal sind Verhaltensveränderungen heilsamer als Erinnerungsvertiefungen (vgl. Mk 2,14). Etwa wenn es darum geht, schwer empfundene Schuld gegenüber einem verstorbenen Menschen stellvertretend in der Zuwendung zu anderen Menschen »gut«zumachen, so aus der Lähmung herauszukommen und dann auch wieder erinnern zu können. Aber das kann immer nur nicht-dirigistisch, vorsichtig und neue Möglichkeiten eröffnend geschehen. Es geht nicht darum, Gott in eine Beziehung »hineinzupumpen«, aber es geht auch nicht darum, mit großer Ängstlichkeit Gott herauszuhalten und ihm überhaupt keine Interventionskraft mehr zuzutrauen.

5. Liturgie

Bucher: Selbst für meine Generation, 1956 geboren, ist es eine Überraschung, dass die Liturgie zu jenen kirchlichen Vollzügen zählt, die, wenn auch in gewandelter Form, weiterhin eine gewisse Attraktivität besitzen. Gottesdienste werden in unserer Gesellschaft weiterhin nachgefragt, innerkirchlich und außerhalb kirchlicher Räume und Traditionen. Woran liegt das? Was hat gerade die katholische Liturgie zu bieten?

Ich kann bestätigen, dass dieser Zusammenhang neu gesucht wird oder neu gefunden wird, dieser Zusammenhang von Liturgie und Leben. Dass in manchen Gemeinden oder Regionen fast die ganze kirchliche Jugendarbeit Ministranten- und Ministrantinnenarbeit ist, ist ja ein Signal dafür, wie sehr sich die Jugendpastoral mit der Liturgiepräsenz verbindet. Da ist etwas im Gang, was wahrscheinlich noch zu wenig untersucht ist. Der Katholizismus hat hier eine jahrhundertelange Erfahrung, er traut dem Symbolhandeln wirklich etwas zu, auch gegenüber dem sozialen Handeln, also dem Umgang der Menschen miteinander, und gegenüber ihrem politischen Handeln. Warum? Worin liegt der Unterschied?
Das ist etwas ganz Eigenartiges, dass in der symbolischen Handlung eine Handlungsform geschenkt ist, dass hier etwas vorgegeben ist, was ich nicht selber herstellen muss, sondern aus sich heraus wirkt. Für die Sakramente ist das natürlich am intensivsten reflektiert, es gilt aber auch für die anderen Symbole. Das scheint mir anthropologisch, von der menschlichen Grunderfahrung her, das Entschei-

dende zu sein. Da ist die Sehnsucht danach, der eigenen Trauer Ausdruck zu geben und eben nicht mehr darüber mit jemandem einen Diskurs zu führen, sondern nach Symbolen zu suchen: Ich nehme eine Blume und lege sie aufs Grab. Oder diese vielen Kerzen, die bei Katastrophen entzündet werden, um dem Unbegreifbaren in der Öffentlichkeit »greifbaren« Ausdruck geben zu können.
Die Kirche hat hier wirklich einen großen Schatz, eine hohe Kultur, auch eine hohe Reflexionskultur in dieser Vorgegebenheit von Symbolhandlungen, und zwar als etwas, wo ich mich hineinbegeben kann, einfach loslassen kann. Ich kann darin übermächtigen Gefühlen, der Trauer, der Wut, auch dem Mitgefühl und der Hoffnung Ausdruck verleihen, ohne dass ich den Ausdruck selber herstellen muss.

Bucher: Umgekehrt gilt aber auch: Wenn man in Gemeinden geht und dort ein wenig die Herzen öffnet, dann kommt immer noch oft die Klage: Unsere Gottesdienste müssten zeitnäher, lebendiger werden oder welche Begriffe man immer für diesen Wunsch nach mehr Erlebnisreichtum verwendet. Was so reich ist wie Liturgie, ist natürlich auch gefährdet. Wo siehst Du die aktuellen Gefährdungen der Liturgie?

Eine Gefährdung geht durchaus genau in diese Richtung. In der Hochschulgemeinde und vorher auch in der Jugendarbeit haben wir möglichst neue Formen entdeckt, vor allem im Zusammenhang mit der Eucharistiefeier – ohne die Grundstruktur zu verändern, aber doch mit ganz anderen Anteilen etwa beim Wortgottesdienst. Es ist eine Gefahr, über einen überzogenen Erlebnisfaktor die grundlegenden

Formen einer Liturgie in der Leistung der Menschen aufgehen zu lassen: »Jetzt haben wir diese Liturgie gemacht.« Damit ist im Grunde die Vorgegebenheit durch Performanceleistung zerstört.
Deswegen werden wir wohl zweigleisig fahren dürfen in den Gemeinden: einmal die einfache Form der Liturgien nicht zu verstellen – darauf kommen auch viele Fernstehende immer wieder zurück –, also Menschen zu ermöglichen, sich in diese liturgische Form hineinzubegeben und darin etwas von Getragen-Sein, von Gnade, von Nichtherstellen-Müssen, von Verwurzelung in einer Größe, die sie nicht selber sind, zu erleben. Diese Vorgegebenheit kann mit Überaktivierung verschüttet werden. Auf der anderen Seite ist es auch notwendig, positiv an der symbolischen Erfahrung dieses Zusammenhangs zu arbeiten: Es geht hier nicht nur um Verstehen und um aktive Gestaltung der Teilnahme, sondern um passive Teilhabe. Und dass alle Gestaltung sich darauf konzentrieren kann, diese Teilhabe zu entfalten.
Ich bin sehr froh, dass es den Ritus gibt, wenn ich Gottesdienst feiere und die Erfahrung mache: Ich muss jetzt gar nichts herstellen, selbst die Gebete sind vorgeformt. Dieses Getragen-Sein von der symbolischen Kommunikation, die wirklich anders als die Alltagskommunikation ist und die nicht auf das Argumentative hinausläuft, darf weder durch Veralltäglichung noch über permanentes Erklären von Riten beseitigt werden.

Bucher: In letzter Zeit startet der Vatikan Initiativen zur Qualitätssicherung der Liturgie. In ihrer Intention sind sie nachvollziehbar, sie arbeiten aber vorwiegend mit rechtlichen Mitteln. Wie wäre darüber hinaus Qualitätssicherung in der Liturgie zu konzipieren? Dass es so etwas braucht, ist unbestritten. »Gute« Liturgie, die ich als sorgfältig, sensibel, ruhig, gelassen, authentisch, ehrlich erlebe, die auch formkorrekt in einem nicht-legalistischen Sinn ist, ist mir tatsächlich auch persönlich immer wichtiger geworden, und ich spüre, welch erfahrbaren Segen sie darstellt. Aber es gibt eben auch das Gegenteil und der Grat ist schmal.

Das Grundritual ist beide Mal das gleiche. Aber spürbar ist sicher, ob der Mensch, der die Liturgie leitet, das mit Ehrfurcht vor dieser Gegebenheit tut, die er nicht hergestellt hat, oder ob er es mit Routine tut oder gar mit Herzlosigkeit. Ich glaube, es ist sehr schnell spürbar, ob jemand über diese symbolische Repräsentation ritualistische Herrschaft ausüben will und Selbstdarstellung zelebriert. Das geht ganz leicht, das kippt sehr schnell. Dann kann man spüren, dass da etwas nicht stimmt, dass die Vorgegebenheit des Rituals instrumentalisiert wird für den Vorrang des Zelebranten und *seiner* Vorgaben.

Bucher: »Ehrfurcht« ist ja ein klassischer religiöser Begriff. Er hat auch eine intuitive Plausibilität, gerade im Kontext von Liturgie. Wie sieht Ehrfurcht, die nicht erstarrt, aus?

Ehrfurcht heißt, dass die Feier mit der Hoffnung verbunden wird, dass in ihr etwas vom unendlichen Gott zum Vorschein kommt, von seiner Intention, von seiner Gegebenheit, die uns in der Geburt ohne unser Zutun ins Leben gesetzt hat und über den Tod hinaus, auch hier ohne unser Zutun, rettet. Niemand hat sich selber hergestellt. Niemand wird sich selbst wiederherstellen. Im Grunde wird in der Symbolhandlung die Ehrfurcht vor der Schöpfung, vor dem Leben und vor dem, der der Ursprung allen Lebens ist, repräsentiert. Das wäre für mich Ehrfurcht, doxologische, Gott lobende und anerkennende Ehrfurcht. Zur Ehrfurcht gehört also auch das Bewusstsein, dass dieses Leben, das uns geschenkt und vorgegeben ist, in einer eigenartigen Weise nochmals empfangen wird, in einer neu orientierten Form, die das Leben noch einmal über den Tod hinaus öffnet. Für diese Ehrfurcht, jetzt schon sich aus der Gnade zu empfangen, braucht es in der Liturgie auch viele Momente des Schweigens.

Die Ritualforschung hat deutlich gemacht, dass die symbolische Begegnung oder Erfahrung wirklich etwas ganz anderes ist als die normale Verständigungsbegegnung. Das Ritual bringt eine verborgene Rückseite der sichtbaren Welt zum Vorschein, wie immer die dann ist, ob verheerend oder hilfreich – aber es ist etwas anderes, ein Heterotop sozusagen, mit ganz bestimmten Auswirkungen auf unsere Biotope.

Es gab und gibt auch Rituale, die in ihrer Unmittelbarkeit tiefe Emotionen für Zerstörerisches mobilisieren, die Freiheit zerstören, das Leben der Nichtdazugehörigen in Gefahr bringen und von den Herrschenden entsprechend inszeniert bzw. missbraucht werden. Ich denke hier vor allem an die ebenso faszinierenden wie auf Unterdrückung und gewalttätige Ausgrenzung zielenden Rituale in der nationalsozialistischen Diktatur. Es kommt also alles darauf an, dass Rituale der Vertiefung der Menschlichkeit dienen, nicht einer Götzen-, sondern einer Gottesbeziehung, die als Erlösung und Hoffnung für *alle* gefeiert wird. Erst dann ist ein Ritual »heilig«.

Tabernakel statt Thron

Krockauer: Nehmen wir an, Du könntest als Theologe mitwirken am Bau einer neuen Kirche. Was wäre Dir architektonisch bei der Gestaltung wichtig? Wie würdest Du eine Kirche, die Ort von Liturgie im Jahre 2015, 2020 wäre, bauen?

Es ist architektonisch fast nicht zu lösen. Weil dieses Problem eine dauerhafte Spannung, ja Widersprüchlichkeit in sich hat. Ich würde auf der einen Seite den Tisch der eucharistischen Mahlfeier in der Mitte haben wollen, als Mitte des Volkes Gottes. Gleichzeitig haben die Vorstellungen, dass alle auf eine Wirklichkeit im Altarraum schauen, auf das Kreuz sich ausrichten, dass es einen Tabernakel – also nicht etwa den Bischofsthron, parallel zum Kaiserthron in der römischen Basilika – in der Mitte gibt und nicht an der Seite, auch ihre Wertigkeit. Am besten wäre eine Architektur, die beides ermöglicht: gemeinsames Beten und Anbetung.

Ein anderer Aspekt wäre im Sinne von Foucault, dass eine Kirche kein Panoptikum ist, sondern dass es, wie schon Lorenzer im »Konzil der Buchhalter«[37] gesagt hat, Nischen gibt, dass es Säulen gibt, wohinter ich mich verstecken kann und nicht sichtbar sein muss. Dass auch Menschen zum Ritual kommen können, die mit unseren Sozialgestalten nichts zu tun haben; die schauen einfach – wollen aber nicht beschaut werden.

Der Begriff der Überschaubarkeit ist also niemals unschuldig und ist immer auf sein Verhältnis zur Macht zu befragen: »Überschaubar« kann jene gute Erfahrung ausdrücken, dass man zum Beispiel als Prediger oder Predigerin zu möglichst vielen in der Kirche Blickkontakt haben kann, um zu erspüren, wie das eigene Wort mit den Gläubigen

in Kontakt kommt. Im Rahmen der Gesamtpastoral kann man mit diesem Begriff darauf pochen, dass die kirchlichen Gemeinschaftsgestalten für alle übersichtlich bleiben, was dann bedeutet, dass es noch eine Vis-a-vis-, eine Gesicht-zu-Gesicht-Beziehung gibt. Verbindet sich aber das »über« nicht mehr mit dem Dienst, sondern mit der Herrschaft, dann wechselt dieser Begriff in die Sprache funktionierender Macht. Die Unterscheidung von beidem ist nicht zuletzt eine Frage der Spiritualität, und manchmal ist die Unterscheidung in unseren Herzen gar nicht so einfach!
So macht es auch einen elementaren Unterschied, ob die Überschaubarkeit des Menschen von Gott her als Liebe oder als Verfolgung durch Gott gelesen wird, damit er einen Grund für Bestrafung und Verdammnis finde. Tilmann Moser musste in seiner »Gottesvergiftung«[38] aufgrund der Art und Weise, wie ihm Gott beigebracht wurde, die Sätze aus dem Psalm 139 derart verstehen, nämlich dass Gott ihn mit seinen Blicken verfolgt, dass Gott von ihm immer weiß, was er tut, dass man nicht vor ihm fliehen kann. Letztlich entscheidet also die Praxis, die wir mit einem Begriff verbinden, über seine Bedeutung.

Bucher: Im Rahmen der gesamten Pastoral der Kirche: Welchen Stellenwert nimmt da die Liturgie ein? Oder anders gefragt: Welche spezifische Funktion hat sie etwa im Vergleich zu anderen zentralen Vollzügen von Kirche?

Zuerst ist es wichtig, das soziale Umfeld der Sakramente und der liturgischen Formen in der Kirche zu gestalten. Es ginge, etwa in der Vorbereitung und der Nachbereitung der Firmung, darum, dass diese andere Art von Kommunikation, welche die Symbolhandlungen ermöglichen, auch ihren pastoralen Kontext geprägt sein lässt: Gottes Geist schenkt sich in diesem Sakrament den jungen Leuten, macht sie bedeutsam für die Gemeinde. Damit es nun nicht zu einem heillosen Widerspruch zwischen Symbolhandlung und pastoralem Alltag kommt, ist es wichtig, dass die Jugendlichen diese Bedeutsamkeit in der Firmpastoral auch erleben. Erst dann entsteht eine Art Symbolschule, wo gelernt werden kann: Hier begegnet eine Erfahrung, die meine Machbarkeit übersteigt, nicht als Überforderung, sondern als Entlastung. Zugleich ist es eine Erfahrung, die auf mein Alltagsleben ausstrahlt, meine Verantwortung steigert und gleichzeitig mich darin trägt und hält.

Bucher: Da möchte ich noch mal nachfragen: Es gibt gegenwärtig die große Sorge und auch die schmerzliche Erfahrung, etwa vieler Priester, aber auch anderer in der Pastoral Tätiger, dass Jugendliche oder Kinder, die zur Erstkommunion oder zur Firmung geführt werden, keine selbstverständliche oder auch nur hinreichende Kenntnis von Liturgie haben und oft nach Firmung oder Erstkommunion jeden Kontakt zur Kirche aufgeben. Wenn ich recht verstanden habe, was Du gesagt hast, gibt es auch bei einer nur zeitweisen liturgischen Praxis, wie sie bei vielen heute üblich ist, die Chance, authentische liturgische Erfahrungen zu machen. Man bräuchte also solch eine temporäre liturgische Partizipation nicht nur als Defizit zu sehen. Wie müsste dann die Hinführung zu einer temporären liturgischen Praxis ausschauen?

Das bezieht sich zunächst vor allem auf die Kasualpastoral, also auf die Pastoral im Zusammenhang mit Sakramenten und anderen Symbolhandlungen, zum Beispiel die Beerdigung. Da, denke ich, müsste so mancher Blickwinkel verändert werden. Man müsste in den Blick bekommen, dass Rituale nicht nur Orte sind, wo die Kirche in ihrem Zentrum zusammenkommt. So wenig wie die Diakonie nur etwas nach außen Gerichtetes ist, sind Rituale nur nach innen gerichtet, sie sind auch nach außen gerichtet. Sie befinden sich sowohl im Zentrum als auch am Rand. Sie vermitteln zwischen innen und außen. Denn sie sind, sakramententheologisch gesehen, Orte der Unbedingtheit, der ewig zuvorkommenden Gegebenheit Gottes. Sakramente stellen keine anderen Bedingungen als die, die zu ihrem Zustandekommen nötig sind, wie etwa bei der Ehe die Bedingung des gegenseitigen Jawortes. Bei der Taufe von Säuglingen ist nicht einmal der eigene Glaube eine Bedingung. Sakramente sind bedingungsabbauende Geschenke Gottes. Das bezieht sich auch auf die Menschen, die die Bedingungen der kontrollierbaren und sichtbaren Zugehörigkeit nicht erfüllen.

Das zu sehen ist gerade für den katholischen Bereich wichtig, denn die evangelische Kirche investiert heutzutage in dieser »Seelsorge bei Gelegenheit« ziemlich viel, auch in der praktischen Theologie, manchmal mit resignativen Untertönen bezüglich der Gemeindepastoral. Es erscheinen dort eine Menge Publikationen zur Kasualpastoral. Bei uns geschieht da weniger, obwohl wir eine lange Tradition genau dieser Kasualpastoral haben und auch eine dazugehörige Sakramententheologie.

Auch wenn Menschen zu den Sakramenten kommen und dann aus dem Gesichtskreis der real existierenden Kirche wieder verschwinden: Es sind Getaufte, es sind dann Gefirmte, sie haben oft kirchlich geheiratet, oder welche Sakramente sie dann immer beanspruchen. Mit der Taufe bestimmen aber nicht wir, sondern Christus bestimmt, wer zur Kirche gehört. Das ist eine Form von Kirche, die zahlenmäßig viel größer ist als die sogenannte Kerngemeinde. Man darf auch nicht vergessen, dass die gesamte Institution Kirche von deren Geldern lebt, nämlich von den Kirchensteuern derer, die ein Leben lang zahlen und die wenig dafür verlangen. Sie rechnen mit der Kirche nicht im Sinne des Tauschgeschäftes.

Eine solche pastorale Einstellung wäre eine Haltung der Anerkennung und der Hoffnung, dass die Sakramente und ihre Symbolkraft auch über das hinaus, was wir alles sagen und erklären können, eine eigene Wirkung haben. Es gilt, der eigenen Sakramententheologie, gerade der katholischen, wirklich zu vertrauen und daran zu glauben, dass die Sakramente eine über unsere eigenen Kontrollmöglichkeiten hinausgehende Energie entwickeln im Leben der Menschen. Dann verändert sich auch die Pastoral im vorgängigen und nachgehenden Umgang mit Menschen, die zum Empfang eines Sakramentes kommen.

Krockauer: Es gibt das schöne Wort von Goethe: »Wer das Feuer sucht, findet es unter der Asche.« Kannst Du zusammenfassend oder rückblickend ein paar Feuerstellen benennen? Wo vermutlich immer noch Glut da ist?

An verschiedenen Stellen. Die durchgängige Glut, die nicht erlischt, das ist wirklich die Glut des Glaubens, dass die ganze Welt ins Leben gerufen ist, um nochmals aufgefangen zu werden von Gott. Dass es einen Gott gibt, einen Schöpfer, eine Wirklichkeit, eine intentional fähige Wirklichkeit, der diese Schöpfung und der wir wichtig sind. Und dass das Christentum aus meiner Perspektive die authentischste Möglichkeit ist, das sprachlich zu benennen und symbolisch zu erfahren. Diese Hoffnung glüht auch noch unter der Asche ihrer Infragestellung.

Bucher: Und diese Hoffnung wäre zu feiern?

Ja, zu feiern in verschiedenen Formen. In der Liturgie zu feiern, als Gegebenheit von Leben – denn das ist ja nicht etwas, was wir produzieren könnten in der Unterbrechung des Alltags und im symbolisch erlebbaren Hoffnungsüberstieg des Normalen. Und Sie ist zu feiern und in vielen kleinen Formen, die den Alltag selber stützen. Denn ohne Rituale gibt es kein Leben, das sich trägt. Das beginnt schon bei den ersten Ritualen, wenn Kinder ganz bestimmte Wiederholungen erhoffen.

6. Kirche

Bucher: Pastoraltheologie war klassisch die Berufswissenschaft des Priesters. Dann hat sie sich ausgeweitet zu einer Reflexions- und Erfahrungswissenschaft der Kirche. Die katholische Kirche hat sich also mit der Pastoraltheologie ein selbstreflexives Instrument geschaffen, sie ist so etwas wie eingebaute Selbstkritik. Gerade Deine Pastoraltheologie wurde lange und wird sicher auch heute noch so wahrgenommen. Wo liegt die Basis einer legitimen Kirchenkritik?

Ich beginne an dieser Stelle mit etwas anderem: Bei all dem Kritischen, das ich immer wieder geschrieben habe und auch sage, müsste ich eigentlich immer etwas ganz Entscheidendes vorausschicken. Das unterschlägt man oft, weil man es als Selbstverständliches unterstellt. Aber es ist nicht selbstverständlich und muss eigens benannt werden: Ich verdanke dieser Kirche erst einmal alles. Ich verdanke dieser Kirche auch die Inhalte, auf deren Hintergrund ich sie kritisiere. Ich verdanke der Kirche, etwa in der Form der Pfarrgemeinde, in der ich Kind war, all die Erfahrungen auch von Gnade, die Erfahrung auch von Herausforderungen. Das verdanke ich diesem Raum, der für mich nie geschlossen war, sondern in alle Lebensbereiche hineingewirkt hat. Es ist ganz gut, das im Vorhinein zu sagen, dieses insgesamt positive Vorzeichen vor dem Stichwort »Kirche«. Ich weiß, dass viele Menschen Kirche anders erlebt haben, bis hin zu schlimmen Verletzungen. Ich habe hier Glück gehabt, oder war es Fügung?

Ich denke, es sind zwei Dinge, die Kirchenkritik begründen: Es sind zum einen jene Anteile, die dem widersprechen, was ich in der Kirche selber als Inhalte finde, wo ich sage: Hier versündigt sich die Kirche an ihrer eigenen Identität. Da, denke ich, ist es notwendig, dass, wer immer es ist, ob eine Professorin oder ein Hausmann, dann den Mund aufmacht, um aufzuzeigen: »Da stimmt etwas nicht.« Wenigstens so, dass ein Anfang der Umkehr gemacht wird oder eine schmerzliche Einsicht entsteht. So wie die Praxis der Abschiebung und bestimmte Anteile der neueren Asylgesetze der Bundesrepublik vom eigenen Grundgesetz her kritisierbar sind, so ist die Kirche vom Zentrum, von den eigenen inhaltlichen Grundlagen, von der Bibel und von der Tradition her gezwungen, den jetzigen Zustand anzuschauen und in die Zukunft hinein zu kritisieren.

Aber es ist noch ein anderer Punkt, welcher die inhaltliche Basis dieser Kritik ist, das ist mir gerade im letzten Jahrzehnt sehr deutlich geworden: Es ist das Niveau an Humanität, das in einer Kultur und einer Gesellschaft vorhanden ist. Die Kirche darf dieses Niveau um ihrer eigenen Identität willen nicht unterbieten. Da sind wir bei der Frage etwa der Gender-Gerechtigkeit. Gerechtigkeit zwischen Mann und Frau ist in der Gesellschaft noch lange nicht hinreichend vorhanden, aber da ist eine Dynamik in Gang gekommen, die das sieht und in verschiedenen Bereichen auch einklagt, bis hinein in die Rechtsprechung. Die Kirche kann sich nicht nur nicht aus dieser Dynamik heraushalten, sie muss sie vielmehr selbst beschleunigen. Das ist etwas, was dann nochmals innerhalb der Theologie zu verbinden ist mit ganz bestimmten, vielleicht bisher vergessenen oder verdrängten Elementen und Erinnerungen aus der kirchlichen und ethischen Tradition. So verläuft die Erkenntnis der Zeichen der Zeit, in der ich von humanen und solidarischen Entwicklungen in der Kultur, in der Gesellschaft her auf einmal merke: Moment, jetzt kommt es darauf an, auch gegenläufig zu dominanten Traditionslinien ganz anders zu entscheiden.

Bucher: Wo siehst Du neben der Gender-Problematik, die sicher eine der brennendsten und auch konfliktreichsten Themen zurzeit in Kirche und Gesellschaft ist, noch Orte, an denen man prophetisch auftreten muss?

Bleiben wir bei der Gerechtigkeit, das ist ein Dauerthema sondergleichen. Und gilt für viele Bereiche. Wenn ganz bestimmte Quellen der kirchlichen und der christlichen Tradition in einer radikalen Weise gesellschaftliche Verhältnisse kritisieren, in einer Radikalität, wie ich sie in der Gesellschaft selber nicht oder kaum vorfinde, dann unterbietet das Christentum nicht das Humanitätsniveau gesellschaftlicher Verhältnisse, sondern überbietet und radikalisiert es. Das wären etwa die alttestamentliche Prophetie oder die Schärfe der Feindesliebe bei Jesus von Nazareth oder eine ganz bestimmte Innen-Außen-Sicht, die das Außen niemals verkleinert. Dies geschieht, wenn Jesus von einem aus der verachteten Volksgruppe der Samariter erzählt, dass er am Not leidenden Menschen nicht vorübergeht (vgl. Lk 10,31). So gilt es unbestechlich herauszufinden: Wo wird gelitten, wo wird Not erfahren, wo ist Ungerechtigkeit, wie erschließen diese Herausforderungen die eigene Tradition und die eigene Identität und verschärfen sie? Und umgekehrt gilt: Wie verschärft die eigene Identität dann wieder diese Herausforderungen von außen?
Ich kann mir auch gut vorstellen, dass ganz bestimmte re-

ligiöse Aufbrüche in der Gesellschaft eine solche Fremdprophetie sind, nochmals im eigenen Bereich genauer nachzuschauen, wie wir mit Transzendenz, mit der Wirklichkeit, die über uns hinausgeht, umgehen bzw. wie diese Wirklichkeit mit uns umgehen darf, je nachdem. Wir brauchen Religionskritik nach innen und nach außen: gegen die Banalisierung Gottes, als könnte man mit ihm wie mit einem Götzen handsam umgehen, aber auch gegen eine Dämonisierung Gottes, als ob seine Gnade nur denen gehörte, die ganz bestimmte Bedingungen erfüllen, vor allem der braven Zugehörigkeit zu einer Religionsgemeinschaft, mit der Angst, ansonsten der Verdammnis zu verfallen.

Bucher: Du hast Dich in den letzten Jahren mit der theologischen Kategorie des Amtes beschäftigt. Das Amt ist im katholischen Bereich mehr als die Personen und auch nicht nur eine rechtliche Kategorie, wenn auch etwas Personelles und etwas Rechtliches. Warum hast Du Dich in den letzten Jahren so stark mit der Ämterfrage befasst?

Aus emanzipatorischen Gründen, und gegen die Selbstimmunisierung des kirchlichen Amtes gegen Widerspruch und Kritik, so verstehe ich Klerikalismus. Wenn ich zum Beispiel eine Vorlesung über das kirchliche Amt halte, sage ich den Studierenden immer, dass ich mich auf dieses Thema konzentriere, damit sie als Laien einen Begriff davon haben, was sie vom Amt erwarten können, welchen Dienst das Amt ihnen gegenüber zu leisten hat und mit welcher Vorstellung sie anerkennend oder kritisierend auftreten müssen – nicht nur dürfen, sondern müssen –, wenn das Amt diesen Dienst nicht leistet.
Vielleicht habe ich in letzter Zeit nicht immer mit der glei-

chen Menge an Text gesagt, was das Amt der Laien in der Kirche ist. Das haben andere, wie die »Laientheologen« Rainer Bucher, Leo Karrer und Rainer Krockauer im Bereich der Diakonie, viel mehr getan. So war es mir immer auch ein Anliegen, meinen eigenen Stand in den Blick zu nehmen. Aber auch meine Perspektive ist laienbezogen, nämlich, dem Volk Gottes ein Bewusstsein vom Amt an die Hand zu geben, auf dessen Hintergrund das real existierende Amt kritisierbar wird, wenn es seine Aufgabe nicht erfüllt. Deswegen ist es mir wichtig, dieses Amt gnadentheologisch zu definieren, weil es die Aufgabe des Amtes ist, diese Vorgegebenheit der Liebe Gottes tatsächlich in den Strukturen der Kirche selber und in deren Leitung – deswegen ist von geistlicher Leitung die Rede – darzustellen. Das Amt steht für die Ermöglichung des Glaubens des Volkes, etwa von der Predigt her, in der von Gottes freiheitsschenkender Barmherzigkeit gesprochen wird und Menschen nicht durch Imperative erschlagen oder gar beschimpft werden. Nicht dass das priesterliche Volk Gottes nicht das alles auch tun könnte oder sollte oder dürfte, aber hier ist eine sakramental eigens beschenkte institutionelle Größe, von der man diesen Dienst zu erwarten hat und gegenüber der er einklagbar ist: im Volk gegenüber dem Amt. Das ist im Grund der pastorale Horizont, vor dem ich mich immer mehr darum gekümmert habe, diese Verantwortung theologisch zu klären. Natürlich hängt das auch immer mit einer permanenten Suche nach meiner eigenen Identität in diesem priesterlichen Amt zusammen, das ist klar.

Bucher: Pastoraltheologie ist ja immer auch konkret und situativ. Wie steht es mit dem Amt denn konkret? Wie steht es mit dem real vorfindlichen Priestertum in der deutschen katholischen Kirche? Wird es seiner Aufgabe, die Du jetzt skizziert hast, gerecht? Wenn ja, wo und wo nicht? Wie beurteilst Du die Lage Deines Standes hier bei uns?

Zuerst denke ich hier an die schmerzliche Kluft zwischen der Theologie des Weiheamtes und der Spiritualität vieler Priester auf der einen Seite und ihrer Knebelung in den gegenwärtigen pastoralen Strategien. Im Moment sieht es so aus, dass das priesterliche Amt so erstickt wird innerhalb bestimmter struktureller Anforderungen, dass Priester überhaupt nicht entfalten können, was ich versuchte als ihre Gabe und Aufgabe deutlich zu machen. Haben sie überhaupt Zeit für Seelsorge? Es ist fast analog wie zur Struktur mangelnder Refinanzierung von seelsorgerlichen Handlungen in den diakonischen Einrichtungen der Caritas, das heißt, Priester haben strukturell – in der sakramentalen Betreuung und in der Verwaltung mehrer Pfarreien – kaum mehr die Zeit, Menschen ohne Termindruck etwas vom Glauben zu erzählen oder in einer Familie mal eine Stunde zu bleiben oder im Begegnungszusammenhang einer Gemeinde zu leben, weil sie eben in die größeren Zusammenhänge eingebunden sind, in denen die Luft dafür nicht mehr da ist. Das ist die Erfahrung der Betroffenen und nicht nur meine Sicht der Dinge.
Wenn also Benedikt XVI. in seinem das gegenwärtige Priesterjahr eröffnenden Text insbesondere den Pfarrer von Ars in Erinnerung bringt, dann finde ich diese Anregung im echten Sinn des Wortes merkwürdig, wenn ich sie mit der tatsächlichen Unmöglichkeit der gegenwärtigen Priester in Verbindung bringe, so viel Zeit für die Einzelseelsorge zu haben wie der Pfarrer von Ars. In der Pädagogik spricht man von paradoxer Kommunikation, wenn man et-

was fordert und gleichzeitig die Bedingungen – hier die Zulassungsbedingungen zum Weiheamt – beibehält, welche die Erfüllung der Forderung verhindern.
Ich kenne wunderbare und überzeugende Menschen unter den Priestern, egal welchen Alters. Und ich leide darunter und schäme mich sehr, dass von Priestern jungen Menschen so viel Leid zugefügt wurde und dass wir Priester bei vielen Menschen und in der Gesellschaft überhaupt so sehr an Vertrauen verloren haben.
Es ist schwierig, damit umzugehen. Auf keinen Fall dürfte man aber als Priester auf diesen Vertrauenscrash mit umso größerer Klerikalisierung reagieren, verbunden mit narzisstisch beleidigten Anteilen und mit dem Rückzug aus der Seelsorge und damit aus dem direkten Kontakt mit Menschen, mit dem Bestreben, im Ritualgehäuse immun zu sein. Jedenfalls unterstützen die gegenwärtigen immer größer werdenden pastoralen Flächen die Gefahren der Reklerikalisierung der Priester, einer falsch verstandenen Sakramentalisierung, die sich von der dazugehörigen Pastoral ablöst und kaum noch etwas mit dem praktischen Gehalt des Sakramentalen zu tun hat. Diese Gefahren sehe ich wachsen, und da bin ich relativ sprachlos.

Bucher: Du hast eben einen Kirchenbegriff verwendet, zu dem ich Dich ausführlicher befragen möchte: den Volk-Gottes-Begriff. Ist er für Dich der zentrale unter den in der Tradition vorhandenen vielen Kirchenbegriffen? Welche Rolle spielt der Volk-Gottes-Begriff für Dich, theologisch und geistlich?

Der Volk-Gottes-Begriff ist für mich, auch von der biographischen Herkunft meiner Theologie aus dem II. Vatikanum her, der zentrale Kirchenbegriff, in dem alles stattfindet, in dem das Gegenüber etwa von priesterlichem Amt und priesterlichem Volk im beide umfassenden Gottesvolk gleichstufig und nicht etwa hierarchisch gesehen wird. Hierarchisch ist nur das priesterliche Amt in sich selbst vom Diakonat bis zum Bischofsamt. Hoffentlich gibt es einmal auch stärkere reale synodale Machtzentren, in denen das Volk Gottes von unten her Einfluss gewinnt.

Innerhalb dieses grundlegenden Begriffes ist mir auch der Begriff vom Leib Christi sehr wichtig. Weil im »Leib Christi« im Grunde, ausgehend vom Satz im 1. Korintherbrief, »Ihr seid der Leib Christi«, etwas zum Vorschein kommt, was der Satz »Ihr seid das Volk Gottes« noch nicht so präzise ausdrückt. Das Leib-Christi-Bild schreibt nämlich in den Volk-Gottes-Begriff ein, dass wir im Leib Christi schon zusammen sind, noch bevor wir etwas dafür getan haben. Dieser Satz sagt: »Ihr gehört zusammen« – und zwar als Gnade und nicht als kommunikative oder irgendwie andere Leistung.

Deswegen gehören konsequenterweise Eucharistievorsitz und geistliche Leitung auch wirklich zusammen, weil hier die Einheit *gefeiert* wird, eine geschenkte Einheit, eine Gratis-Einheit, die dann auch Differenzmöglichkeiten freisetzt, ohne die Einheit in Christus zu gefährden. Analog vielleicht zu Familien, in denen die Verwandtschaftsbande heftigste Differenzen auszuhalten vermögen. Diese Einheit läuft nicht über den Konsens und erst recht nicht über den Zwang, sondern ist tiefer in der gemeinsamen Verwandtschaft verwurzelt, sei es der Familie, sei es der Kinder Gottes.

Bucher: Das Stichwort »Einheit« führt mich zur Frage nach der Ökumene, zumal die konkrete Ökumene ja auch ab-

hängig ist von den Kirchenbegriffen, die man hat. Du kommst aus einer evangelischen Stadt, arbeitest auch wieder in einer evangelisch geprägten Stadt. Wenn man Ökumene nicht zuerst institutionell begreift, nicht zuerst als Annäherung zweier Institutionen, wenn man sie auch nicht einfach nur diskurspolitisch als diskursive Annäherung zweier Theoriegebäude, wenn man sie vielmehr geistlich begreift: Worin liegt der Skandal der Kirchentrennung?

Der wirkliche Skandal ist die *Trennung*. Dass es nicht möglich war, in der Geschichte das zu wiederholen, was beim Apostelkonzil (Apg 15 und Gal 1–2) geschehen ist. Der Skandal ist nicht, dass man Streit hat, dass man auf Grund unterschiedlicher Situationen auch verschiedene Dogmatiken entwickelt, der Skandal ist vielmehr, dass man sich nicht gleichzeitig den Handschlag der Gemeinschaft gibt, der die gegenseitige Diakonie beinhaltet und die gemeinsame Eucharistiefeier. Nicht dass es Differenzen gibt, ist das Problem und dass man anders lebt und glaubt an verschiedenen Orten, in anderen Kulturen mit anderen Glaubensakzentuierungen, sondern dass man Gott nicht zutraut, dass er mit jedem Ort eine eigene authentische Beziehung hat und so in sich selbst die vielen zusammenhält. Aus einem solchen Vertrauen heraus könnte man auch vertrauensvoller miteinander umgehen, ohne sich gleichschalten zu müssen.

Bucher: Was heißt das für den Weg der Ökumene positiv?

Das heißt positiv, dass es höchste Zeit ist, diese geschenkten Möglichkeiten unserer Einheit, jetzt von der Gegebenheit von Christus her, endlich wieder zuzulassen und zu feiern. Das heißt: gemeinsame Eucharistiefeier, gemeinsames Abendmahl; das heißt, dass wir die Erfahrungen und Probleme von konfessionsverbindenden Ehepaaren und Familien (weniger mit sich als mit den Kirchen, weil sie bitter unter der Schnöseligkeit der Kirchenleitungen leiden) endlich ernst nehmen. Wir hätten die biblische Vorlage einer Verbindung im Dissens; diese Verbindung ist immer wieder anzustreben auf der Basis des Glaubens, dass wir in Gott eins sind, noch bevor wir diese Einheit selber hergestellt haben. Diese wird in der Eucharistie gefeiert und im gegenseitigen Schutz vollzogen.

Ein evangelischer Kollege in Tübingen hat zu mir einmal gesagt: Was ich von euch römischen Katholiken erwarte und erwünsche, ist, dass ihr haben wollt, dass wir *da* sind und dass wir mit unserer Identität eine unverzichtbare Weise christlicher und kirchlicher Existenz leben und darstellen.

7. Gott

Krockauer: Eine aktuelle kulturwissenschaftliche Analyse lautet: Wir erleben eine neue Transzendenzsehnsucht des Menschen, die alt ist, aber wieder neu aufflackert. Diese wird deutlich zum Beispiel in einer Sehnsucht und Hinwendung zu dem Unerklärbaren und Unverfügbaren. Die Metapher dafür ist »Geheimnis«. Ist es eine Metapher, die in vielerlei Hinsicht übersetzbar ist? In den Bereich der Humanwissenschaften, Kulturwissenschaften und dann in die Theologie? Ein Brückenbegriff?

Vielleicht, aber mit Vorsicht. Denn dann gehe ich mit dem Begriff »Geheimnis« im Grunde schon nicht mehr geheimnisvoll um, wenn ich sage, ich brauche den Geheimnisbegriff als Brücke. Ich benutze ihn dann als etwas. Auf der anderen Seite kann das Geheimnis tatsächlich eine Brücke in dem Sinne sein, dass sich die Menschen und ihre Glaubensrichtungen allesamt auf eine Wirklichkeit hin öffnen, die sie nicht im Be-Griff haben. Eine solche Brücke befreit alle Beteiligten davon, sich selbst totalitär geben zu müssen, weil sie mit Gottes Geheimnis die einzige und ewige Totalität, die es gibt, anerkennen.
Vom christlichen Glauben her gesehen ist für mich die eigenartige Spannung wichtig zwischen dem, was wir auf der einen Seite Offenbarung nennen – also dass man überhaupt eine Sprache findet, auf Gott hin Worte zu formulieren, von seiner Gesinnung uns gegenüber zu sprechen –, und der Einsicht auf der anderen Seite, wirklich ernst zu nehmen, dass es *Gott,* also die Unaussprechlichkeit schlechthin, ist. Was heißt »Gott« angesichts der »Vorstellung«,

Gott immer größer IV. Lateran-Konzil

dass er wirklich jene Wirklichkeit ist, die alles übersteigt, das ganze Universum; ein Gottesbegriff, der wirklich die Unendlichkeit dieses Gottes ernst nimmt, seine unergründliche Tiefe, seine Absolutheit, seine Unverfügbarkeit?

Ich kann jetzt weitere Begriffe finden und im Grunde doch nur eine Richtung andeuten, nämlich die Richtung des unendlich Offenen, dessen, was uns ewig entzogen ist. Und das ist wieder zu wenig gesagt, es ist immer zu wenig gesagt. Dieses Bewusstsein, dass hier immer zu wenig gesagt ist, lässt Gott »Gott« sein.

In der christlichen Tradition schlägt sich diese Haltung in der Lehrentscheidung des IV. Laterankonzils (1215) nieder: dass selbst das, was wir als Offenbarung geschenkt bekommen haben – die Bibel, die Sprache der Kirche usw. –, Gott immer unähnlicher ist als ähnlich. Da ist es sehr eindrucksvoll formuliert: dass Gott immer größer ist – maßlos.

Ich denke, um nochmals den Brückengedanken aufzunehmen, dass es da bis hinein in die neuere Evolutionsforschung ähnliche Gefühle gibt; also selbst Richard Dawkins, der den Religionen »Gotteswahn« vorwirft, sagt zum Beispiel in einem Interview: »Ja, auch ich habe ein religiöses Gefühl, ich habe Ehrfurcht vor der Unendlichkeit des Universums.« Er reduziert zwar die Unendlichkeit auf *das* Universum, aber immerhin!

Dabei ist das Verhältnis von Begrifflichkeit und Geheimnis selbst wieder ein Problem. Sprache für etwas entwickeln heißt ja immer auch, einen Zugriff ausüben, selbst dann noch, wenn ich Gott als Geheimnis bezeichne. Sprechen ist immer auch ein Machtproblem. Für uns, für Religionen überhaupt, die eine Begrifflichkeit entwickelt haben im Bezug auf Gott, ist wichtig, diesen Zugriff immer wieder aus der Hand zu geben: im Gott als Gott anerkennenden Gebet, im Verzicht auf jede Letztgültigkeit, Endgültigkeit. Das, glaube ich, wäre die Lebensbedeutsamkeit dessen, was Geheimnis Gottes ist.

Bucher: Was sagst Du einer 20-, 21-jährigen Studentin, die zwar das Christentum kennengelernt hat, es auch nicht ablehnt, sich aber eigentlich eher als Agnostikerin bezeichnet mit einer gewissen Kulturfreundlichkeit der Kirche gegenüber – das scheint mir eine Grundhaltung heute bei Studierenden zu sein, nicht mehr, nicht weniger –, warum es sich lohnen könnte, sich auf den Gott der Bibel intensiver einzulassen als in dieser agnostisch-distanziert-freundlichen Weise?

Weil mit der Anerkennung eines Geheimnisses die Frage noch nicht beantwortet ist: Gibt es denn eine Beziehung? Gibt es ein Verhältnis? Kann man denken, dass wir Menschen, dass die Erde, ja das Universum insgesamt innerhalb dieses Geheimnisses eine Wichtigkeit haben oder eine Nulligkeit sind? Ist es völlig egal, wie wir in diesem Geheimnis leben oder nicht? Die Frage ist also, wie wichtig sind wir der Unendlichkeit in unserer Endlichkeit? Und: Gibt es dafür eine Sprache?
Religionen stellen dafür eine Sprache zur Verfügung, manchmal sehr einfach, manchmal zu einfach, aber es geht auch wieder nicht anders, weil Sprache immer damit zu tun hat, einer Wirklichkeit Bedeutung für das Leben zuzusprechen. Die Religionen nutzen die Chance, irgendwie zu benennen, welche Richtung das Geheimnis in Bezug auf die Menschen hat, dass diese Richtung stimmt, auch wenn Gott darin nicht aufgeht und auch nicht festlegbar ist, dass

Gott ist größer

also diese Unendlichkeit mit einer Inhaltlichkeit verbunden ist – sagen wir: mit dem Vorzeichen einer Liebe, die so unbedingt wie unendlich ist. Dass all das, was Geheimnis und Unendlichkeit anbelangt, sich auf diese Inhaltlichkeit bezieht: unendliche Liebe. Das ist die Grundfrage: Ist es ein kaltes Geheimnis, dem wir gleichgültig sind, in dem wir bedeutungslos und am Ende tot sind und bleiben? Oder ist es ein Geheimnis, in dem wir selber noch mal Anteil bekommen an dieser unendlichen Bedeutung? Gott ist für uns nur das Leben, wenn er die Liebe ist.
Zur von Dir beschriebenen Studentin würde ich sagen, was dieser Glaube für mich und für viele bedeutet: dass es eine Bereicherung des Lebens ist, in einem solchen Horizont zu existieren und vor allem auch Handlungen in die ähnliche Richtung – der Liebe und der Gerechtigkeit – zu riskieren, die ich außerhalb dieses Geheimnisses vielleicht nicht riskieren könnte.

Bucher: Wie denkst Du das Verhältnis dieses Gottesbegriffs zu konkreten religiösen Praktiken? Wo ist diese Gotteserfahrung in Deiner Biographie, in dem, was Du als religiöse Praxis kennst und lebst, am dichtesten erfahrbar?

Spirituell gesehen geschieht sie am dichtesten in der Doxologie, also in der Anbetung, im Lobpreis Gottes um seiner selbst willen. Das kann eine körperliche Wirklichkeit sein, wenn ich vor dem Symbol seiner Gegenwart knie – was ich übrigens seit meinem Knieunfall gar nicht mehr richtig kann – oder stehe; es ist insgesamt die Haltung der Anerkennung dessen, dass Gott größer ist als alles, was ich, andere und die Welt sind, dass aber dieses »größer« nicht ein »größer« ist, das mich erschlägt, sondern ein »größer«,

Ehrfurcht

das uns zugute kommt, das mir Anteil gibt an seiner inhaltlichen Dynamik, nicht in einer Selbstvergöttlichung, sondern im Sinn einer ganz bestimmten Spiritualität: wieweit ich Gott immer auch in schlimmen Augenblicken größer und damit hoffnungsvoller sein lasse als das eigene Elend; wieweit ich ihm die endgültige Rettung zutraue. Das Gegenteil wäre der Satanismus, in dem alles im Abgrund der Vernichtung endet.

Krockauer: Gleichzeitig ist es auch die Frage nach der adäquaten Sprache. Du bist ja zeit Deines Lebens ein Homiletiker geblieben. Welche Kriterien würdest Du aufstellen für eine Sprache gerade auch in der Verkündigung, die mit der Anerkennung des Geheimnisses Gottes korrespondiert?

Das ist nicht einfach, aber notwendig. Karl Rahner hat ja gesagt, im Grunde müsste er vor seine ganze Dogmatik das Vorzeichen setzen – und damit vor jeden Satz –, dass das alles Gott unähnlicher ist als ähnlich. Nur kann man das nicht immer machen. Man kann nicht nach jedem Satz, in dem der Begriff »Gott« vorkommt, sagen: »Angesichts Gottes Geheimnishaftigkeit stimmt vielleicht irgendetwas an dem Satz, aber wie es dann in Gott wirklich ist, das haben wir nicht im Griff, darauf haben wir keinen Zugriff.« Aber dass etwa bei einer Predigt auch über dieses Thema gesprochen wird, das wäre schon mal ganz wichtig. Auch die Art und Weise des Verkündigens verändert sich mit dieser Spiritualität der Ehrfurcht vor Gottes Geheimnis und damit vor seinem Geheimnis mit den Menschen. Was in der Anbetung doxologisch vollzogen wird, prägt dann auch die Rede. So kommt ins Bewusstsein, was an Gottes Geheimnis in der Anbetung erfühlt wird.

Da kann man dann schon anknüpfen an die Staunenserfahrung von Menschen, auch angesichts der Schöpfung, und an die Grunderfahrung, dass sie nicht nur das ist, was ich sehe, sondern dass sich dahinter etwas auftut, eine Ahnung, dass es dahinter immer weiter wird, was für das Darinnen der Schöpfung selbst bedeutsam ist. Es ist dann spürbar, dass zwischen dem, was einer sagt und auch sagen muss angesichts der Inhaltlichkeit Gottes, jetzt, in konkreten, kontingenten und begrenzten Verhältnissen, und einer kommenden, unendlichen Revision durch Gott ein himmelweiter Unterschied besteht. Es ist dann spürbar, dass wer immer etwas von Gott sagt, sich wirklich unter das kommende Urteil Gottes stellt. Das bedeutet nicht, dass ich überall »vielleicht« sage, ich darf den Indikativ von Aussagesätzen schon wagen. Aber wie beim Sakrament oder beim Gottesdienst sollte spürbar werden: Was jetzt erfahrbar ist, das ist die Spitze des Eisbergs von etwas, das sich dahinter noch zeitlich-eschatologisch, aber auch räumlich-dimensional auftut in die Unendlichkeit hinein.

Bucher: Als Theologe steht man fast in einem gegenteiligen Zwang. Man produziert ständig Worte über Gott. Es gibt ja den schlimmen Verdacht von Karl Popper, Theologie sei »ein Symptom des Unglaubens« oder von Nietzsche: »Wer Theologen-Blut im Leibe hat, steht von vornherein zu allen Dingen schief und unehrlich.«[39] Jetzt wären wir nicht Theologen, wenn wir nicht darauf vertrauen würden, dass es einen Weg an diesen Verdächtigungen vorbei gibt. Aber sie markieren echte Gefahren, vor allem in vielen Worten des Zugriffs auf Gott den eigenen Unglauben zu verstecken oder nicht einmal zu spüren oder umgekehrt, Theologie zur Ideologie zu machen und ganz anderes zu wollen, als man sagt. Hast Du diese Gefahren angesichts jenes Gottesbegriffs, den Du beschrieben hast, auch gespürt?

Ja, zum Beispiel wenn ich Texte schreibe, Vorträge vorbereite und Konzeptionen erarbeite. Es schleicht sich dann schnell etwas ein, was über die Verhältnisse lebt angesichts des »Gegenstandes« oder angesichts der Inhaltlichkeit, um die ich mich bemühe. Die Selbstläufigkeit des sprachlichen Zugriffs empfinde ich oft als Gefahr. Das kann man, wenn man will, auch polemisch als »Lüge« bezeichnen. Zwar nicht sehr absichtsreich, aber doch gefährlich, wenn ich nicht wieder ganz bescheiden werde bei jenen Argumentationen und Behauptungen, die vielleicht inhaltlich gar nicht so schlecht sind, über denen aber das Damoklesschwert, das ein Gerichtsschwert ist, folgender Fragen schwebt: Lasse ich mich darin darauf ein, von Gott mit völlig Unerwartetem an Freude oder Schmerz oder beidem in einem getroffen zu werden und dann alles umdenken zu müssen, oder treffe ich ihn nur mit meinen eigenen Geschossen? Wie groß darf Gott noch einmal meinen Worten gegenüber sein? Und: Treffe ich die tatsächliche Wirklichkeit der Freuden und Leiden der Menschen, oder belüge ich mich und andere mit Vorstellungen dahingehend, dass nicht sei, was nicht sein darf? Das wäre eine gute Theologie, in der diese Gefährdungen nicht als Belästigung, sondern als Sensibilität spürbar wären.
Es gibt noch ein anderes Damoklesschwert, das über den Theologietreibenden schwebt: Wie steht meine Existenz zu dem, was ich denke, und wie klein ist sie dem gegenüber? Benedikt XVI. trifft hier ins Schwarze, wenn er von den Theologen gesagt hat, sie glichen Wegweisern, die sich selbst nicht bewegten. Ich hoffe nicht, dass hier eine Theo-

logenschelte vorliegt, die eigentlich ablehnt, was Theologen und Theologinnen *denken.* Denn möglicherweise gilt selbst dann noch für die Theologen und Theologinnen, dass sie durchaus Richtiges sagen, wie Jesus einräumt: Tut und befolgt alles, was sie euch sagen, aber richtet euch nicht nach dem, was sie tun! (vgl. Mt 23,3).
Es gibt selbstverständlich eine legitime Spannung von Wort und Tat, insofern die Verkündigung im Horizont der Gotteserfahrungen immer mehr sagt, als Menschen jeweils erfüllen können. Denn Gott und seine Gnade sind immer größer, als was Menschen tun können. Oft darf und muss man etwas sagen, obwohl man es selbst nicht erfüllen kann, mit der Hoffnung, dass es andere tun können. Wichtig ist dabei, die eigene Differenz zwischen Wort und Tat nicht zu verschleiern, sondern in Demut zuzugeben. Jedenfalls dürfen die Grenzen der eigenen Leistung nicht zum Maßstab für die Rede von Gott werden.

Bucher: Intellektualität, diskursive Virtuosität hat ja auch Chancen, eröffnet etwas. Gibt es auch so etwas wie geistliche Chancen im typischen Wissenschaftsgestus der theologischen Sprache?

Ja. Es gibt diese Chancen wirklich, etwa wenn ich etwas lese und angesichts einer guten, einer brillanten Argumentation eine Geistlichkeit erfahre, in der ich auch spirituell weiterkomme. Weil mir etwas klar wird, weil eine Argumentation in sich luzide ist; das ist dann einfach wunderschön. Dieses Luzide, Durchscheinende, dass etwas wie in einem Aha-Erlebnis aufgeht, hat etwas mit Urkreativität zu tun. Im Denken ist auch viel Schöpfung möglich. Es ist nur wichtig, dass die andere Seite, das Unzureichende, nicht vergessen wird. Ansonsten freue ich mich jedes Mal, wenn Studierende in der Evaluation meiner Vorlesungen sagen, dass sie in meinem Denken die spirituelle Verwurzelung meiner Theologie herausspüren. Ich glaube schon: Der geistliche Horizont der Theologie muss das Denken nicht schmälern, sondern kann es sensibilisieren und präzisieren.

Krockauer: Wenn Theologie zu dieser Originalität führt, dann wäre sie ja auch im Wissenschaftsbetrieb unverzichtbar, weil sie etwas zur Verfügung stellt, das produktiv auch auf andere Wissenschaften wirken könnte. Sehe ich das richtig?

Man müsste dazu die anderen Wissenschaften erst noch mal fragen, vielleicht aber auch provozieren. Denn ich kann mir gut vorstellen, dass die wissenschaftliche Disziplin der Theologie, die sich innerhalb der Geisteswissenschaften um eine solche Öffnung – die wir jetzt plakativ Transzendenz nennen könnten – bemüht, in welchen Formen auch immer, und von daher auch die Unterbrechungen von Alltagswirklichkeit, von methodischen Kontinuitäten und von wissenssoziologischen Geläufigkeiten in den Blick nimmt, sehr bedeutsam ist für den Wissenschaftsbetrieb, der immer wieder auch versucht ist, sich abzuschließen und Gebäude aufzurichten, in denen man vielleicht ganz gut herumgehen kann, der aber auch viel vorgaukelt an Geschlossenheit und Stringenz, die es im Grunde nicht gibt.
Der jüdische Kulturphilosoph Walter Benjamin hat das Bild von der strudeligen Tiefe eines Flusses geprägt, quer zur kontinuierlichen Flussrichtung, wohinunter man durch

ganz bestimmte Unterbrechungserfahrungen kommt. Das ist die gleiche Prozessstruktur: etwas, das an der Oberfläche des laufenden Denkbetriebes da ist, noch einmal vor einen Hintergrund zu bringen, der oft anders und der nicht zugriffig ist, und von daher neu zu sehen – mit einer neuen Geistigkeit, vielleicht auch mit einer neuen Geistlichkeit. Das, denke ich, sprengt viele allzu geschlossenen Konzepte, seien sie empirischer, konzeptioneller, naturwissenschaftlicher Art. Derart riskante Forschungsprojekte, die von bisherigen wissenschaftlichen Plausibilitäten und außerwissenschaftlichen Dotierungen wegführen, haben heutzutage weniger Chancen auf Finanzierung als Forschungen, die sich als Auftragswissenschaft integrieren lassen. Wir werden in nächster Zeit genauer und konzeptionell tiefgreifender nicht nur über die wissenschaftliche Methode der Abduktion, des Weggehens von Bisherigem, sondern auch über die damit zu verbindende Pragmatik des Wissenschaftsbetriebs nachzudenken haben.

Krockauer: Ein großes Vermittlungsproblem ist ja auch die Spannung, die auftritt zwischen der Rede von der Geheimnishaftigkeit Gottes, das ist eine sehr sensible Rede, und dem Versuch der konkreten Rede vom Sohn Gottes, von Jesus Christus. Sind das zwei Seiten einer Medaille? Oder wie verhält sich das zueinander: die sprachliche Unverfügbarkeit und die Konkretheit des Redens von Jesus, dem Christus?

Das ist ja mit das Verrückteste, was es in einer Offenbarungsreligion gibt, und das gilt für den Islam, für das Judentum und das Christentum gleichermaßen: dass eine solche Konkretion von diesem unendlichen, unverfügbaren

Gott, von ihm selber inszeniert und realisiert ist, um uns etwas von seiner Gesinnung zu verdeutlichen. Dass das so ist, ist selber ein nicht verfügbares oder erklärbares Geheimnis: Es ist durch nichts einzusehen oder zu begründen als durch Gottes Geheimnis selbst.

Im christlichen Glauben ist dieses Geheimnis an Jesus Christus gebunden. Mit der Hoffnung, dass in diesem Menschen tatsächlich Gottes Gesinnung aufblüht und aufstrahlt, dass in diesem konkreten Ereignis etwas von Gottes Wesen zum Vorschein kommt – und zwar gerade nicht überirdisch, sondern irdisch. Die unverfügbare Wirklichkeit Gottes bleibt nicht im Ungefähren oder im Abstrakten, sondern zeigt sich erschreckend verfügbar, bis zum Kreuz. Ein Gott, der die Summe oder der Inbegriff aller Wirklichkeit ist, sucht die Wirklichkeit und flieht nicht vor dem Konkreten.

Krockauer: Könntest Du einem suchenden Menschen, vielleicht weit weg von jeglicher religiösen Sozialisation, in einfacher Weise zu erklären versuchen, welche konkrete Antwort auf seine Transzendenzsehnsucht Jesus Christus ist?

Ich könnte es aus meiner Perspektive sagen. Mir ist der Glaube geschenkt, weil ich hineingeboren bin. Für andere gibt es keine Nötigung dazu, weder argumentativ noch aus irgendeiner Heilsangst heraus. Natürlich gibt es auch den »Zwang« des besseren Arguments, aber Glauben läuft eher über den »Zwang« des besseren Zeugnisses, der aber kein Zwang ist, sondern Erfahrung, eine Erfahrung der Einsicht, vielleicht auch des inneren Überwältigtseins. Ich denke, so erging es auch den Menschen in der Begegnung mit Jesus. Wie das ausgeht, wie, theologisch gesprochen, der Geist

Gottes dann im Menschen wirkt, bleibt natürlich offen. Wobei dann auch wieder klar ist: Der Geist Gottes verlässt auch die nicht, die dann nicht sagen können: »Ich glaube an diesen Jesus Christus.«
Am wichtigsten ist für mich am christlichen Glauben gerade das, was Judentum und Islam so unmöglich finden, nämlich dass Gott in Christus Mensch geworden ist. So kann ich an einen Gott glauben, der uns nicht unterhalb des Niveaus dessen begegnet, was wir selber sind und erleiden. Wie die Reaktion auf diese Botschaft ist, das muss ich offen lassen, hängt allerdings auch von dem ab, wie christgläubige Menschen sich in die Nachfolge dieses Gottessohnes hineinbegeben.

Bucher: Ein klassischer Ort der Begegnung des Konkreten mit der Unendlichkeit ist in der Theologie das Jüngste Gericht. Du hast Dich in den letzten Jahren mit diesem – seit einiger Zeit weder für die Pastoraltheologie noch für die Systematische Theologie sehr populären – Thema stark beschäftigt. Worin liegt die Grundbotschaft der Lehre vom Jüngsten Gericht?

Es ist eine hoffnungsvolle Botschaft. Und sie zu verkünden ist eine pastorale Aufgabe. Zunächst für den Innenbereich der Kirche – wenn man das so formulieren darf, denn im Innenbereich der Kirche ist ja auch die ganze Welt vorhanden in den Menschen, die in ihm leben. Denn unter den Gläubigen selbst gibt es viele offene oder verdrängte Verletzungen, viele tiefsitzende Ängste um sich und andere in diesem Bereich, die der pastoralen »Therapie« bedürfen. Das ist freilich auch schon eine Botschaft nach außen, weil den Kirchen und überhaupt den Religionen immer gerne unterstellt wird, dass sie mit der endgültigen eschatologischen Ausgrenzung in die Hölle hinein auch noch über den Tod hinaus eine hemmungslose direkte Angstherrschaft ausüben über die, die noch daran glauben, und eine indirekte Angstherrschaft über jene, die nicht daran glauben und sagen: »Da langen wir gar nicht hin, denn mit religiöser Angst lassen wir uns nicht infizieren.«

Die Angst vor religiöser Angst führt zu tiefsitzenden kollektiven Berührungsängsten vor der Religion, obgleich im christlichen Bereich schon seit Jahrzehnten kaum mehr vom Jüngsten Gericht die Rede ist. Aber das kriegen die »draußen« ja nicht mehr mit.

Es geht also um einen pastoralen Heilungsvorgang, um einen Heilungsvorgang an einer Gerichtspastoral, die hochproblematisch war, die in den letzten Jahrhunderten auch viele Lebensängste eingefangen, kanalisiert und bearbeitbar gemacht hat, das auch. Aber sie hat auch gleichzeitig viele Ängste zusätzlich mobilisiert und Gewalt gegen Nichtdazugehörige produziert. Von daher ist meine Beschäftigung mit der Eschatologie auch der Versuch der Aufarbeitung dieses Angstdramas innerhalb der Kirchen, ja von Religionen überhaupt. Inhaltlich geht es um jene Hoffnung über den Tod hinaus, die umsonst geschenkt wird, die nicht geleistet wird durch jetziges Leben, aber worin jetziges Leben wichtig ist, wo wirklich deutlich wird, dass es diesem allmächtigen, diesem unendlichen Gott bis in die kleinste Einzelheit hinein wichtig ist, wie wir leben, wie wir gelebt haben, wie Menschen gelitten und wie Menschen Leid verursacht haben, wie sie Gutes getan haben. Nichts davon bleibt vergessen.

So wie das Walter Benjamin ausdrückt mit dem »Engel der Geschichte«, der durch die Geschichte hindurchgeschleu-

dert wird mit dem Gesicht zu allem, was geschehen ist. Am Ende der Geschichte stürmt er den Weg zurück bis an den Anfang der Geschichte und sammelt alle Trümmer auf. Das glaube ich wirklich: Es geht nichts verloren, nichts wird verloren sein. Das ist die Hoffnung auf Gerechtigkeit über den Tod hinaus, die ja diesseitig nie erfüllt wird.
Christine Lavant[40] hat einmal gesagt, dass uns Gott die Auferstehung schuldig ist, damit die Opfer, deren Klage nicht erhört und gewaltsam abgebrochen wurde, zusammen mit dem auferstandenen Gekreuzigten nun ihre Klage und auch Anklage in den Raum Gottes hineinbringen können, wo sie endlich erhört werden. Ich möchte Menschen von der Hoffnung, die mich beseelt, erzählen, dass dies eine hoffnungsvolle Sicht für alle Menschen über den Tod hinaus ist und nicht eine Ausgrenzungsabsicht, wo bloß noch ein kleiner Haufen oder nur die Gläubigen der eigenen Religion übrigbleiben am Ende, und alles andere geht in den Abgrund.

Krockauer: Welche Bedeutung hat da die Diakonie? Gerade jenen, welche die Verkündigung erreicht, begegnet die Gerichtsbotschaft in der Weltgerichtsrede (Mt 25) mit sehr anspruchsvollen Formulierungen und Forderungen nach unbedingtem diakonischem Handeln.

Diese Weltgerichtsrede Jesu im Matthäusevangelium hat ja eine glaubenskritische Bedeutung: Ich war krank und ihr habt mich besucht. An der Stelle wird deutlich und überdeutlich: Entscheidend ist die Grenze zwischen Gut und Böse und nicht jene zwischen Glaubenden und Nichtglaubenden. Das ist der entscheidende Eingriff gegen jede Ideologisierung des Glaubens, die darin besteht, ihn mit dem

falschen Bewusstsein bzw. Selbstbewusstsein zu verbinden, dass andere, die das nicht glauben, aus dem Heil Gottes ausgeschlossen sind.
Aber ich glaube auch daran, dass Gottes Versöhnungskraft so unendlich ist, dass auch die Bösen und die Täter, zu denen auch wir uns in unterschiedlichen Zusammenhängen immer wieder zu zählen haben, in eine Begegnung mit Gott und in ihm mit den Opfern hineingenommen werden, die es ihnen ermöglichen wird, angesichts des zugefügten Leides sich für die schmerzvolle Reue und brennende Sühne zu öffnen.
Natürlich sind das Vorstellungen und Bilder mit unseren Mitteln, und wir haben sie auch wieder abzugeben in die Unverfügbarkeit Gottes hinein, in der alles noch einmal so geschehen wird, wie wir es uns niemals vorstellen können. Aber ich glaube fest, dass die Richtung stimmt!

Krockauer: Zugunsten der Orthopraxie?

Ja, und zwar unaufschiebbar jetzt!

Anmerkungen

[1] Vgl. Ottmar Fuchs, Ämter für eine Kirche der Zukunft, Luzern 1993, 115–125.

[2] Bund Neudeutschland, ein 1919 gegründeter katholischer Jugendverband vor allem für Gymnasiasten, ursprünglich ein Zweig der Jugendbewegung. Heute als »Katholische Studierende Jugend« (KSJ) und als »Gemeinschaft Katholischer Männer und Frauen im Bund Neudeutschland (KMF)«, ein bundesweiter Akademikerverband, tätig. Vgl.: http://www.bund-neudeutschland.de.

[3] Die »Marianischen Kongregationen« (MC) waren die Laienorganisation der Jesuiten und wurden ursprünglich vor allem von ehemaligen Schülern von Jesuitengymnasien gestellt, später kamen die Mitglieder aus der allgemeinen Gymnasialjugend hinzu. Seit 1967 heißen sie »Gemeinschaften christlichen Lebens«.

[4] Vgl. dazu: Ottmar Fuchs, Im Innersten gefährdet. Für ein neues Verhältnis von Kirchenamt und Kirchenvolk, Innsbruck 2009.

[5] Ludwig Ott (1906–1985), Professor für Dogmatik an der bischöflichen Philosophisch-theologischen Hochschule in Eichstätt. Bekannt vor allem durch seinen erstmals 1952 bei Herder in Freiburg/Br. erschienenen Grundriss der Katholischen Dogmatik, das klassische Studienbuch der vorkonziliaren Dogmatik.

[6] Thomas J. J. Altizer, geboren 1927, US-amerikanischer Theologe. Altizer ist einer der Hauptvertreter der in den 60er Jahren virulenten »Gott ist tot«-Theologie. Im deutschsprachigen Bereich wurde sie vor allem von Dorothee Sölle vertreten.

[7] Ottmar Fuchs, »Es ändert sich ja doch nichts ...!« Zum systemtheoretischen Nachholbedarf einer subjektempfindlichen Theologie, in: Pastoraltheologische Informationen 20 (2000), 90–111.

[8] Vgl. Christian Bauer/Ottmar Fuchs (Hg.), Ein paar Kieselsteine reichen. Pastoraltheologische Beiträge von Rolf Zerfass, Ostfildern 2009.

[9] Vgl. Ottmar Fuchs, Sprechen in Gegensätzen. Meinung und Gegenmeinung in kirchlicher Rede, München 1978; ders., Die lebendige Predigt, München 1978.

[10] Vgl. Ottmar Fuchs, Die Klage als Gebet. Eine theologische Besinnung am Beispiel des Psalms 22, München 1982.

[11] Elmar Klinger, Armut – eine Herausforderung Gottes. Der Glaube des Konzils und die Befreiung des Menschen, Zürich 1990.

[12] Rainer Bucher

[13] Elmar Klinger/Willi Knecht/Ottmar Fuchs (Hrsg.), Die globale Verantwortung. Partnerschaften zwischen Pfarreien in Deutschland und Peru, Würzburg 2001.

[14] Ottmar Fuchs, »Umstürzlerische« Bemerkungen zur Option der Diakonie hierzulande, in: Deutscher Caritasverband (Hrsg.), Caritas '85 (Jahrbuch), Freiburg 1984, 18–40.

[15] Richard Völkl (1921–2003), von 1964 bis 1986 Inhaber des Lehrstuhls für Caritaswissenschaft und Christliche Sozialarbeit an der Theologischen Fakultät der Universität Freiburg/Br.

[16] Johannes Först/Joachim Kügler (Hrsg.), Die unbekannte Mehrheit. Mit Taufe, Trauung und Bestattung durchs Leben?, Berlin 2006.

[17] Francis X. D'Sa/Jürgen Lohmayer (Hrsg.), Heil und Befreiung in Afrika. Die Kirchen vor der missionarischen Herausforderung durch HIV/AIDS, Würzburg 2007.

[18] Gudrun Pausewang, Die letzten Kinder von Schewenborn. Oder ... sieht so unsere Zukunft aus?, Ravensburg 1983.

[19] Lampedusa ist eine kleine italienische Insel zwischen Sizilien und Tunesien. In den letzten Jahren verstärkte sich der Zustrom afrikanischer Flüchtlinge, die versuchen, über Lampedusa in die Europäische Union zu gelangen. Es existiert auf Lampedusa ein (überbelegtes) Auffanglager mit haftähnlichen Bedingungen.

[20] Wer nicht leiden will, muss hassen. Zur Epidemie der Gewalt, Hamburg 1993.

[21] Peter Hebblethwaite, Paul VI. The first modern pope, London 1993.

[22] Ottmar Fuchs, Das Jüngste Gericht. Hoffnung auf Gerechtigkeit, Regensburg [2]2009.

[23] Ottmar Fuchs/Reinhold Boschki/Britta Frede-Wenger (Hrsg.), Zugänge zur Erinnerung. Bedingungen anamnetischer Erfahrung. Studien zur subjektorientierenden Erinnerungsarbeit, Münster 2001.

[24] 2 Kor 5,21: »Er hat den, der keine Sünde kannte, für uns zur Sünde gemacht, damit wir in ihm Gerechtigkeit Gottes würden.«

[25] Siehe konzeptionell: Ulrike Bechmann, Gestörte Grabesruhe. Idealität und Realität des interreligiösen Dialogs am Beispiel von Hebron/al-Khalîl, Berlin 2007.

[26] Ottmar Fuchs, Liebe als »Erkennungszeichen des wahren Glaubens«. Christentum und Islam in den Orienterzählungen von Karl May, in: Christoph Gellner/Georg Langenhorst (Hrsg.), Herzstücke. Texte, die das Leben ändern, Düsseldorf 2008, 253–266.

[27] Dorothee Sölle, Studien zum Verhältnis von Theologie und Dichtung nach der Aufklärung, Darmstadt 1973.

[28] Prälat Bernhard Lichtenberg (1875–1943) trat während der nationalsozialistischen Diktatur öffentlich für die verfolgten Juden ein. Er starb am 5. November 1943 in Hof auf dem Transport in das Konzentrationslager Dachau. Von Papst Johannes Paul II. wurde er 1996 seliggesprochen.

[29] Dietrich Bonhoeffer, Gesammelte Schriften I., Ökumene: Briefe – Aufsätze – Dokumente 1928–1942 (hrsg. von E. Bethge), München 1958, 303–304.

[30] Dies ist kein Druckfehler, denn im Gegensatz zu der dem Staffelberg und der Adelgundiskapelle gegenüberliegenden Vierzehnheiligen-Basilika gibt es auf dem Staffelberg 16 und dazu ganz andere Heilige. Mag der Staffelberg als Wallfahrtsort immer im Schatten von Vierzehnheiligen gelegen haben, so macht er dies doch durch die größere Anzahl und durch die Unverwechselbarkeit ein wenig wett.

[31] Beim Herzensgebet handelt es sich um eine mystisch-kontemplative Gebetsform, die ursprünglich aus der griechischen Orthodoxie kommt und mittlerweile auch im Westen verbreitet ist.

[32] Vgl. Franz Weber, Gewagte Inkulturation, Mainz 1995.

[33] Vgl. etwa: Ottmar Fuchs, Heilen und befreien. Der Dienst am Nächsten als Ernstfall von Kirche und Pastoral, Düsseldorf 1990; ders., Im Brennpunkt: Stigma. Gezeichnete brauchen Beistand, Frankfurt a. M. 1993.

[34] Helmut Merklein, Das paulinische Paradox des Kreuzes, in: ders., Studien zu Jesus und Paulus II., Tübingen 1998, 285–203, 291.

[35] Christoph Schlingensief, So schön wie hier kann's im Himmel gar nicht sein! Tagebuch einer Krebserkrankung, Köln 2009.

[36] Vgl. Katharina von Kellenbach, Schuld und Vergebung. Zur deutschen Praxis christlicher Versöhnung, in: dies./B. Krondorfer/N. Reck (Hrsg.), Mit Blick auf die Täter, Fragen an die deutsche Theologie nach 1945, Gütersloh 2006, 227–312.

[37] Alfred Lorenzer, Das Konzil der Buchhalter. Die Zerstörung der Sinnlichkeit. Eine Religionskritik, Frankfurt/M. 1981.

[38] Tilman Moser, Gottesvergiftung, Frankfurt/M. 1976.

[39] Friedrich Nietzsche, Kritische Studienausgabe, hrsg. v. G. Colli/M. Montinari (KSA), Bd. 5, Neuausgabe München 1988, 175.

[40] Christine Lavant (1915–1973), österreichische Schriftstellerin.

Ohnmacht

S. 46/~~47~~

S. 80

S. 90

S. 197

S. 198

Ehrfurcht

S. 210/211/232